स्टार्ट-अप की भाषा

पीरू ठाकुर

क्रम-सूची

क्रम-सूची

प्रस्तावना

किताब में आपको क्या सीखने को मिलेगा

स्टार्टअप क्या है

स्टार्टअप कितने प्रकार के होते हैं

स्टार्टअप क्यों करना चाहिए

स्टार्टअप कौन कौन कर सकता है

स्टार्टअप कल्चर क्या है

स्टार्टअप करते समय हमे कौन कौन सी गलतियों से बचना चाहिए

एक सफ़ल स्टार्टअप फाऊंडर केसे बनें

हमेशा अपने काम के प्रति उत्साहित केसे रहें

ख़ुद के स्टार्टअप करने के लिए एक विशेष आइडिया केसे खोजें

अपने स्टार्टअप आइडिया को केसे चेक करे की यह भविष्य मे सफ़ल स्टार्टअप बनेगा

अपने स्टार्टअप में सुरुआती प्रोडक्ट या सर्विस केसे बनाए

अंदुरुना स्टार्टअप क्या है

मार्केटिंग रणनीति क्या है और आपकी केसे मदद कर सकती है

मार्केटिंग केसे करें

सबसे ज्यादा काम मे आने वाली मार्केटिंग रणनीति कौन कौन सी है

सोशल मीडिया मार्केटिंग रणनीति क्या है, कैसे करें और इससे क्या फ़ायदा होता है

टीम बिल्डिंग क्या है और केसे करें

एक सफ़ल टीम लीडर के पास ये स्किल होनी चाहिए

co-founder कौन होता है और इसे कैसे बनाया जाता है

अपने स्टार्टअप के लिए पैसे कहा से लाए

बिना पैसो के स्टार्टअप कैसे शुरू करें

अपना ग्राहक केसे पहचानें और अधिक ग्राहक केसे बनाए

आपके स्टार्टअप का रजिस्ट्रेशन कैसे कराए और आपके लिए कोनसा रजिस्ट्रेशन काम आएगा

स्टार्टअप इंडिया क्या है और इससे आपके स्टार्टअप को क्या ज्यादा होगा

आपके स्टार्टअप में श्रीमंद भागवत गीता की कितनी महत्वपूर्ण भूमिका है

आपके स्टार्टअप में चाणक्य नीति की कितनी महत्वपूर्ण भूमिका है

आपको क्या करना चाहिए एक सरकारी नौकरी या एक सफ़ल स्टार्टअप और आपके लिए क्या अच्छा रहेगा।

और भी बहुत कुछ है इस किताब में जो आपको सिखायेगा की एक सफ़ल स्टार्टअप कैसे शुरू कर सकते हो

1
START-UP क्या है

स्टार्टअप कम्पनी मतलब एक ऐसी कम्पनी जो अपने संचालन के सुरुवाती समय पर है। अमूमन एक से ज़्यादा लोग मिलकर इसकी नीव रखते है जिन्हे हम ENTREPRENEUR कहते है। यहाँ लोग अपनी अपनी SKILLS और SPECIALISATION लेकर एक साथ आते है, और किसी STARTUP IDEA पर काम करते है, ताकि CONSUMERS को एक UNIQUE PRODUCT या SERVICE दे पाए।

स्टार्टअप का अर्थ होता है: एक या एक से ज्यादा लोगो द्वारा स्तापित कि गयी कंपनी और इस कंपनी का उदेश्य शुरुआती दिनों में लोगो की समस्याओं को हल करना होता है। आगे चलकर ऐसी ही कंपनियां एक बड़ी कारोबारी कंपनी में बदल जाती है।

स्टार्टअप शब्द में ही उसका मतलब छुपा हुआ है, जिसमे "Start" का अर्थ है "शुरू (स्टार्ट) करना" और "Start-up" शब्द मतलब किसी चीज को "शुरू करके चलाना" होता है।

आसान भाषा में बात करें तो एक ऐसा बिज़नेस या कंपनी जिसका उद्देश्य लोगों की सेवा करने के साथ ही उनकी जरूरतों को पूरा कर खुद के लिए मुनाफा कमाना। यहां ध्यान रखने वाली बात ये है की किसी भी स्टार्टअप को शुरू करना आसान है लेकिन ये लम्बी रेस का घोडा तब तक नहीं बन सकता जब तक की आपका आइडिया बाकि सबसे से बिल्कुल अलग और हटकर न हो।

START-UP ऐसे Product या Service डवलप करते है जिसमे उन्हें अच्छा मार्केट Potential दिख रहा हो।

2

स्टार्टअप व्यसाय कितने प्रकार के होते हैं

हमारी आधुनिक दुनिया में, जहां हर कोई नवीनता लाने का प्रयास करता है, स्टार्टअप बनाने के लिए एक अच्छा विचार पर्याप्त नहीं है। विभिन्न स्टार्टअप्स की विशेषताओं को बेहतर ढंग से समझने के लिए, आपको निम्नलिखित छह प्रकारों की समीक्षा करने की आवश्यकता है।

1.स्केलेबल स्टार्टअप।

Tech क्षेत्र की कंपनियाँ अक्सर इस समूह से संबंधित होती हैं। चूंकि प्रौद्योगिकी कंपनियों में अक्सर काफी संभावनाएं होती हैं, इसलिए वे आसानी से वैश्विक बाजार तक पहुंच बना सकती हैं। तकनीकी व्यवसाय निवेशकों से वित्तीय सहायता प्राप्त कर सकते हैं और अंतर्राष्ट्रीय कंपनियों में विकसित हो सकते हैं। ऐसे स्टार्टअप्स के उदाहरणों में Google, Uber, Facebook और Twitter शामिल हैं। ये स्टार्टअप सर्वश्रेष्ठ कर्मचारियों को काम पर रखते हैं और अपने विचारों और पैमाने के विकास को बढ़ावा देने के लिए निवेशकों की तलाश करते हैं।

एक स्केलेबल स्टार्टअप आपके लिए सही हो सकता है यदि:

आपके स्टार्टअप आइडिया के पास व्यापक बाजार उपलब्ध है और विकास की विशाल क्षमता है।

आप एक नवप्रवर्तक हैं जो यथास्थिति को चुनौती देने के लिए तैयार हैं।

आप एक उद्योग के नेता बनना चाहते हैं।

2.लघु व्यवसाय स्टार्टअप।

स्केलेबिलिटी के बजाय छोटे व्यवसाय स्टार्टअप की प्राथमिकता दीर्घायु है। इन छोटी स्टार्टअप कंपनियों को एक छोटे लक्ष्य बाजार को पूरा करके वित्तीय स्थिरता के लिए पर्याप्त पूंजी उपलब्ध कराने के लिए बनाया गया है। सामान्य प्रकार के छोटे व्यवसाय स्टार्टअप परिवार के स्वामित्व वाले और संचालित नाई की दुकान, किराना स्टोर और खुदरा दुकानें

हैं।

ये व्यवसाय नियमित लोगों द्वारा बनाए गए हैं और स्व-वित्तपोषित हैं। वे अपनी गति से बढ़ते हैं और आमतौर पर उनके पास एक अच्छी साइट होती है लेकिन उनके पास कोई ऐप नहीं होता है। किराना स्टोर, हेयरड्रेसर, बेकर और ट्रैवल एजेंट इसके आदर्श उदाहरण हैं।

एक लघु व्यवसाय स्टार्टअप आपके लिए सही हो सकता है यदि:

आप अपना व्यवसाय संचालित करने के लिए स्थानीय लोगों और परिवार को नियुक्त करने की योजना बना रहे हैं।

आप अपने समुदाय को जोड़ने पर ध्यान केंद्रित करना चाहते हैं।

शुद्ध लाभ के बजाय एक स्थायी, लंबे समय तक चलने वाला व्यवसाय बनाना आपका मुख्य ध्यान है।

"अगले स्तर पर कैसे पहुँचें यह समय के साथ बदलता है, लेकिन सफल होने का सबसे बड़ा समाधान समय से पहले कुछ करना है।" - Ratan Tata

3. लाइफस्टाइल स्टार्टअप्स।

लाइफस्टाइल स्टार्टअप जुनून और स्वतंत्रता की इच्छा से पैदा होते हैं, संस्थापक अपना समय और ऊर्जा अपने पसंदीदा शौक या गतिविधि से व्यवसाय बनाने की ओर लगाते हैं। यह एक उत्साही यात्री से टूर गाइड व्यवसाय शुरू करने से लेकर फ्रीलांस कोडिंग व्यवसाय शुरू करने वाले वेब डेवलपर तक हो सकता है।

जिन लोगों के शौक हैं और जो अपने पैशन पर काम करने के लिए उत्सुक हैं, वे लाइफस्टाइल स्टार्टअप बना सकते हैं। वे जो प्यार करते हैं वह करके अपना जीवनयापन कर सकते हैं। हम लाइफस्टाइल स्टार्टअप्स के बहुत सारे उदाहरण देख सकते हैं। उदाहरण के लिए, नर्तकियों को लेते हैं। वे सक्रिय रूप से बच्चों और वयस्कों को नृत्य सिखाने और इस तरह पैसा कमाने के लिए ऑनलाइन डांस स्कूल खोलते हैं।

लाइफस्टाइल स्टार्टअप आपके लिए सही हो सकता है यदि:

आपका एक शौक है जिसे आप पूरे दिन, हर दिन कर सकते हैं।

आप स्व-प्रेरित और इतने अनुशासित हैं कि आप अपने खुद के बॉस बन सकते हैं।

आप भावुक और रचनात्मक हैं।

4. खरीदने योग्य स्टार्टअप।

अन्य स्टार्टअप्स के विपरीत, खरीदने योग्य स्टार्टअप अरबों डॉलर की कंपनी बनने के लिए नहीं बने हैं; वैकल्पिक रूप से, उन्हें एक बड़ी कंपनी को लाखों डॉलर में बेचने के लिए बनाया गया है। खरीदने योग्य स्टार्टअप आमतौर पर तकनीक-केंद्रित होते हैं, और उनमें से कई विशेष रूप से ऐप विकास उद्योग में होते हैं।

प्रौद्योगिकी और सॉफ्टवेयर उद्योग में, कुछ लोग शुरुआत से स्टार्टअप को डिजाइन करते हैं ताकि बाद में इसे किसी बड़ी कंपनी को बेच सकें। अमेज़ॉन और उबेर जैसे दिग्गज

समय के साथ उन्हें विकसित करने और लाभ प्राप्त करने के लिए छोटे स्टार्टअप खरीदते हैं।

एक ख़रीदने योग्य स्टार्टअप आपके लिए सही हो सकता है यदि:

आप एक कंपनी बनाना चाहते हैं लेकिन इसे लंबे समय तक संचालित करने के लिए प्रतिबद्ध नहीं हैं।

आपके पास जबरदस्त विकास क्षमता वाला स्टार्टअप आइडिया है।

आप एक "सीरियल एंटरप्रेन्योर" हैं।

5.बड़े बिजनेस स्टार्टअप।

तकनीक, ग्राहकों की रुचि और बाज़ार में हर दिन बदलाव के साथ, बड़ी कंपनियों को जीवित रहने के लिए अपने व्यवसाय मॉडल को अनुकूलित करने की आवश्यकता होती है। यह वह जगह है जहां बड़ी कंपनी स्टार्टअप्स आती हैं। पहले से ही सफल कंपनी के समर्थन और पूंजी से समर्थित, इन ऑफशूट स्टार्टअप्स का उद्देश्य नए दर्शकों तक पहुंचना, उत्पाद की पेशकशों में विविधता लाना और बड़ी कंपनियों को हमेशा बदलते बाजार में टैप करना है।

ग्राहकों की प्राथमिकताएं, प्रौद्योगिकियां और प्रतिस्पर्धी समय के साथ बदलते हैं, इसलिए बड़ी कंपनियों का जीवनकाल सीमित होता है। इसलिए व्यवसायों को नई परिस्थितियों के अनुकूल होने के लिए तैयार रहना चाहिए। नतीजतन, वे अभिनव उत्पादों को डिजाइन करते हैं जो आधुनिक ग्राहकों की जरूरतों को पूरा कर सकते हैं।

एक बड़ी कंपनी का स्टार्टअप आपके लिए सही हो सकता है यदि:

आप पहले से ही एक बड़ी, सफल कंपनी के मालिक हैं।

आप एक ऐसे नए बाज़ार में विविधता लाने या टैप करने की सोच रहे हैं जो आपकी कंपनी के वर्तमान व्हीलहाउस में नहीं है।

आपको नए व्यवसायों के साथ प्रतिस्पर्धा करने और बदलते बाजार के साथ बने रहने का एक तरीका चाहिए।

6.सामाजिक स्टार्टअप।

अन्य प्रकार के स्टार्टअप के विपरीत, संस्थापकों के लिए धन हासिल करने के लिए सामाजिक स्टार्टअप नहीं बनाए गए हैं; वे एक सकारात्मक सामाजिक या पर्यावरणीय परिवर्तन करने के लिए बनाए गए हैं। सामाजिक उद्यमियों को अपने स्टार्टअप से बड़े भुगतान की उम्मीद नहीं करनी चाहिए; हालाँकि, इस स्टार्टअप मॉडल से पैसा कमाना संभव है यदि यह गैर-लाभकारी संगठन नहीं है।

अभी भी ऐसी कंपनियाँ हैं जिन्हें अन्य लोगों के लिए अच्छा करने के लिए डिज़ाइन किया गया है, और उन्हें सोशल स्टार्टअप कहा जाता है। उदाहरणों में धर्मार्थ और गैर-लाभकारी संगठन शामिल हैं जो दान के माध्यम से मौजूद हैं। उदाहरण के लिए, Code.org, एक गैर-

लाभकारी संगठन, यूएस में स्कूली छात्रों को कंप्यूटर विज्ञान सीखने के लिए प्रोत्साहित करता है।

एक सामाजिक उद्यमिता स्टार्टअप आपके लिए सही हो सकता है यदि:

आप एक ऐसी कंपनी बनाना चाहते हैं जो सकारात्मक सामाजिक या पर्यावरणीय प्रभाव डाले।

आपको लाभ के लिए कंपनी शुरू करने में कोई दिलचस्पी नहीं है।

आपके पास एक ऐसा विचार है जो एक व्यापक समस्या को हल कर सकता है, विशेष रूप से वंचित समुदायों के लिए।

3

START-UP क्यों करना चाहिए

हर कोई इंसान चाहता है की हम कोई भी चीज़ स्टार्ट करे तो उसमे Success मिले

जिससे आप अपने Idea से अपना खुद का Start-up खोल के अच्छी Market मे Position बना सकते है! Start-up के लिए आपको इन चीजे पर ज्यादा ध्यान दे के आप Successful बड़े पैमाने पे Start-up डाल सके!

UNIQUENESS के लिए

START-UP मे एक नया idea, Innovation, Invention और Exclusivity होती है। जो बाकियों से अलग होती है, जिससे आप Market मे Monopoly बना सकते है।

SCALABILITY के लिए

Start-up मे Scalability ज्यादा होती है यानि वो जल्दी Grow करता है क्यूकी वो Technology Base होता है यानि कोई Application या Website जैसा कुछ तो इसमे एक साथ Grow किया जाता है पूरे World को Target करके बनाया जाता है।

जिससे उसकी Growth अच्छी होती है, जैसे अभी ही एक Start-up करके Web-Series थी जिसमे ऐसे Application बनाए थी, जो लोग देख नही सकते थे वो लोग अपने फोन से वो चीज़ के सामने रखते ही पूछने से ही बता देता था की ये इतने पैसे है इतने नोट इतने के है, या लड़का है या लड़की है या ये चीज़ है सारा कुछ बता देता था तो अब ये चीज़ सारी दुनिया Use कर सकती है, बहुत जल्दी grow हुआ था

LOW ASSETS के लिए

स्टार्टअप मे कम Asset की जरूरत होती है वही दूसरी और Business मे ज्यादा investment लगता है जैसे की दुकान लेना, Product का Stocks रखना, काम करने वाले इंसान रखना, Furniture बनाना Setup करना बहुत Heavy होता है।

स्टार्टअप मे कम investment मे कम Asset मे तैयार होता है। जेसे की OYO सबसे बड़ा Hotel Chain है लेकिन एक भी Hotel का मालिक नही है अपनी कोई Hotel नही है,

साथ मे Uber और OLA ऐसे Application है जिससे आप Cab Book कर सके उसका भी अपना कोई Cab नही है लेकिन वो सबसे बना सब जगह चलता है उसमे Users होते है जिससे पूरा सिस्टम चलता है।

दूसरा एक अच्छा example है जिसका अभी IPO आया था Cartradetech जहा Vehicle का Purchase और Sell होता है ऐसा Platform है लेकिन उसका कोई Showroom या Production नही है।

Start-up ऐसा मोडेल है जो सारे Business मे चलता है जहा वो Business के Product को ज्यादा बिकाता है या चलता है और खुद बीच मे Commission से कमाता है ये एक idea है लेकिन

4

स्टार्टअप कौन कौन कर सकते है ।

कोई भी व्यक्ति अपना व्यवसाय शुरू कर सकता है जो उसके लिए काम करने योग्य है और व्यावसायिक नीतियों और नियमों का पालन करता है। यह आपके व्यापार की प्रक्रियाओं, उत्पादों या सेवाओं से निर्भर नहीं होता है और आप किसी भी स्तर पर अपना व्यवसाय शुरू कर सकते हैं, जैसे कि एक घर में अपने घर से किसी भी उत्पाद या सेवा को बेचने से लेकर एक बड़े संस्था में बड़े व्यापार करने तक।

भारत में, कोई भी व्यक्ति अपना व्यवसाय शुरू कर सकता है जो उसके पास स्थानीय नियमों और नीतियों का पालन करने की जगह हो। आपको स्थानीय नियमों और नीतियों की जांच करनी होगी और उसके अनुसार अपने व्यवसाय की तैयारी करनी होगी। हालांकि, कुछ व्यापारों को विशिष्ट अनुमतियां या प्राधिकरण हो सकते हैं जैसे कि रसोई, दवाईयां बनाने, प्राइमरी सेंटर या मैदान खोलने जैसे हैं। अधिक जानकारी के लिए, आप अपने स्थानीय नियम और नीतियों की जांच कर सकते हैं या अपने स्थानीय व्यापार संस्थाओं से संपर्क कर सकते हैं।

5

स्टार्टअप कल्चर क्या है ?

कई पहली बार स्टार्टअप संस्थापक शुरू से ही अपनी संस्कृति को परिभाषित करने के लिए समय समर्पित करने के लिए संघर्ष करते हैं, केवल दर्दनाक अहसास तक आने के लिए कि संस्कृति निश्चित रूप से व्यवसाय के परिचालन पक्ष पर प्रभाव डालती है। अनुभवी संस्थापक और मुख्य कार्यकारी अधिकारी जो मानते हैं कि शुरुआत से ही संस्कृति के लिए जगह है, जैसे-जैसे वे बढ़ते हैं, संस्कृति से संबंधित तनाव कम होता है। मैं अक्सर विकास के विभिन्न चरणों में लोगों से बात करता हूं और पाता हूं कि यद्यपि संस्कृति को आवश्यक रूप से देखा जाता है, बहुत से लोग इस बारे में अनिश्चित हैं कि इसे अपने उद्देश्यों के लिए कैसे परिभाषित किया जाए। यह विशेष रूप से चुनौतीपूर्ण हो सकता है जब टीम में मुट्ठी भर से कम लोग हों।

स्टार्टअप कल्चर को कैसे सुधारे ?

Startup कभी कभी casual attitude को महत्व देते हैं ताकि उनके workplace में employees की efficiency बढाई जा सके। 1960 में Sir Douglas McGregor ने एक study से ये पाया गया है की Workplace में Stressed punishment और rewards की कोई जरुरत नहीं है अच्छे results पाने के लिए, ये उनके बिना भी हो सकता है।

कुछ लोग बिना कीसी incentives के ही खुद motivated रहते हैं काम करने के लिए।

जब ये stress को उनके ऊपर से निकाल लिया गया तब उन्होंने पाया के workers और researchers अपने कामों में क्या focus दे पा रहे हैं जिससे overall productivity बढ़ जा रही है। इससे उन्हें अपने company के लिए कुछ ज्यादा achieve करने के लिए potential भी मिल रही है।

ये culture धीरे धीरे आ रहा है और इसे larger companies अपना रहे हैं ताकि वो स्टार्टअप के bright minds को capture कर सकें। इसी प्रथा को आगे बढ़ाते हुए Google ने विगत कुछ वर्षों में ऐसे कई companies खरीद लिए हैं जिन्हें उन्हें लगा की आगे अच्छे Return प्रदान कर सकते हैं।

इसके साथ ऐसे cultures से employees को काम करते वक़्त कोई stress नहीं होता है और वो अपना अच्छा productivity company को दे सकते हैं. वो ज्यादा comfortable महसूस करते हैं जिससे वो मन दे कर अपना काम कर सकते हैं.

अपने मूल्यों को परिभाषित करने के लिए समय निकालें

जो आप उपदेश करते हो उस की पलना करो

शुरुआत से समावेशी बनें

अपनी संस्कृति का नियमित मूल्यांकन करें

दयालुता चुनें

आपकी टीम के लक्ष्य क्या हैं?

आपकी कंपनी का मिशन क्या है?

आप कर्मचारियों को कैसा व्यवहार करना चाहते हैं?

आप ग्राहकों की मदद कैसे करना चाहते हैं

ये गलतियां अगर आप स्टार्टअप खोल रहे हैं तो आपको नही करना चाहिए

व्यापार में हमें कौन सी ऐसी गलतियां हैं जो नहीं करनी चाहिए अन्यथा बिजनेस सफल नहीं हो सकते। वैसे अगर देखा जाए तो Common Small Business Mistakes हर कोई करता है, जिसमें बड़े बड़े बिजनेसमैन भी शामिल हैं और यदि आपने अभी अभी नया बिजनेस शुरू किया है। तो फिर इसमें गलतियां हो सकती है, उसमें कोई शर्म की बात नहीं है।

हालांकि अगर आप गलतियों से बचना चाहते हैं, तो इसके लिए यह जरूरी नहीं कि आपको उन गलतियों को दोहराने की आवश्यकता है। आप दूसरों के द्वारा की गई गलतियों से सीख सकते हैं "Learn From Mistakes", इससे आपके समय की बचत होती है।

अगर आप अपने बिजनेस में सफलता हासिल करना चाहते हैं, तो आपको इन गलतियों से बचने की भरपूर कोशिश करनी चाहिए!

1. सही Business Planning का होना

किसी भी Businessman के द्वारा उसके बिजनेस में सफलता न हासिल कर पाने का सबसे मुख्य कारण, उसके पास अपने बिजनेस के लिए सही योजना का नहीं होना होता। है।

अक्सर नए उद्यमियों द्वारा जो सबसे महत्वपूर्ण गलतियां की जाती हैं, उनमें से यह सबसे मुख्य गलती है। जो उनके बिजनेस को पतन की ओर ले जाती है!

आप खुद ही इमेजिन करिए कि यदि आप बिना गूगल मैप के किसी अनजान रास्ते पर जाएंगे, तो आप अक्सर गलत सड़क का चयन करेंगे और अंत में सही जगह पर नहीं पहुंच पाएंगे और यह आपके नए बिजनेस के लिए भी ठीक इसी प्रकार से काम करता है।

इसलिए आप आने वाले 3 से 4 वर्षों में कौन से लक्ष्य हासिल करना चाहते हैं, उसके लिए एक व्यवसाय योजना होना आवश्यक है।

इसके साथ ही यदि आप अपने बिजनेस के लिए Funding इकट्ठा करना चाहते हैं अथवा बैंक से बिजनेस लोन लेना चाहते हैं। तो इसके लिए भी आपके पास व्यवसाय योजना का

होना आवश्यक है।

चूंकि एक बिजनेस प्लान आपके बिजनेस को सफल बनाने के लिए प्रारंभिक लक्ष्यों पर बने रहने में आपकी सहायता करता है। इसलिए जब भी आप अपना खुद का बिजनेस शुरू करने के बारे में सोचें, तो सबसे पहले आपको अपने बिजनेस की Planning करना है।

व्यवसाय योजना कैसे बनाएं: अपने बिजनेस के लिए व्यवसाय योजना बनाते समय आपको उसमें आपके द्वारा बेचे जाने वाले उत्पादों का भी वर्णन करना चाहिए। इसके साथ ही आपको अपने Competitor पर की गई रिसर्च को भी शामिल करना चाहिए।

अगर आप अपने व्यवसाय योजना में निम्न चीजें शामिल करते हैं तो आपके Business Planning में चार चांद लग जाएंगे!

आपके बिजनेस को किस प्रकार से Manage किया जाएगा?

आपके बिजनेस को सही तरीके से चलाने के लिए आपको कितनी Funding चाहिए?

आपकी Marketing और Sales Strategies क्या है?

आने वाले 3 से 5 वर्षों के लिए आप कितना रिटर्न प्राप्त करने की उम्मीद करते हैं?

मार्केट रिसर्च में यह बात पता चल जाती ही कि जहां बिजनेस शुरू होने वाला है वहां पर किस तरह की पब्लिक है और किस तरह की प्रोडक्ट की मांग होने वाली है। कारोबारी को इस बात का हमेशा ध्यान देना चाहिए कि बिजनेस उसी प्रोडक्ट का शुरु करें जिसकी मांग ग्राहक करते हैं।

2. असफलता का डर होना

अक्सर नए उद्यमी यही गलतियां करते हैं कि उनके मन में हमेशा उनके बिजनेस को लेकर असफलता का डर बना रहता है! बिजनेस में फायदा और नुकसान होता रहता है।

हालांकि इस चीज में कोई बुराई नहीं है, ऐसा भी हो सकता है कि आपका बिजनेस सफल ना हो; लेकिन अगर आप अपनी तरफ से पूरी कोशिश नहीं करेंगे, तो आपको यह कैसे

विश्वास होगा कि आप अपना बिजनेस सफल बना सकते हैं।

किसी भी बिजनेस को शुरू करने के दौरान आपको अपने मन में यह ध्यान रखना चाहिए कि असफलता तो सफलता प्राप्त करने की प्रक्रिया का एक हिस्सा है।

इसके साथ ही आपके बिजनेस के सफल होने के बाद, आपको जो सराहनाएं दी जाएगी उसके लिए आपको थोड़ी बहुत मुश्किलें झेलनी ही पड़ेगी।

आपके द्वारा असफलताओं से सीखने की प्रक्रिया और आगे चलते रहने की आपकी क्षमता ही आपके बिजनेस को सफल बनाने में महत्वपूर्ण योगदान देती है।

इसलिए आपको कभी भी असफलता से नहीं डरना चाहिए, क्योंकि आपको असफलता मिलने पर भी कुछ ना कुछ सीखने को मिलेगा।

3. व्यवसाय के लिए पर्याप्त Funding का ना होना:

अक्सर नए बिजनेस के असफल होने के पीछे का मुख्य कारण यह होता है कि उद्यमियों के पास उस बिजनेस के लिए पर्याप्त Funding नहीं होती है।

हालांकि अपने बिजनेस को शुरू करने के लिए कितने धन की आवश्यकता होगी यह इस बात पर निर्भर करता है कि आपका बिजनेस किस प्रकार का है?

उदाहरण के लिए अगर आप कोई रेस्टोरेंट का बिजनेस शुरू करना चाहते हैं, तो इसके लिए आपको शुरुआत में ही बहुत ज्यादा Investment की आवश्यकता पड़ेगी।

वहीं दूसरी ओर यदि आप ऑनलाइन बिजनेस कर रहे हैं, तो उसमें आपको शुरुआत में अधिक निवेश करने की आवश्यकता नहीं पड़ती है।

अगर आप यह पता लगाना चाहते हैं कि आपको अपने बिजनेस के लिए कितनी Investment चाहिए, तो फिर इसमें आपकी व्यवसाय योजना यह जानने में मदद कर सकती है।

इसलिए यह आवश्यक है कि आपके व्यवसाय योजना में आपके Startup Costs का अनुमान होना चाहिए और इसके साथ ही आपको अपने व्यवसाय में कितना निवेश करने की आवश्यकता होगी?

अपने बिजनेस के लिए Funding इकट्ठा करने के कुछ आसान तरीके:

आप नौकरी करते हुए Part Time Business Ideas पर काम कर सकते हैं। आपके लिए अपने मासिक वेतन का उपयोग करके अपने नए बिजनेस की Funding करना बहुत ही अच्छा उपाय हो सकता है।

आप अपने नए बिजनेस को बढ़ावा देने के लिए अपनी Personal Savings का उपयोग कर सकते हैं।

अपने Retirement के पैसों का उपयोग अपने बिजनेस के लिए करें।

अपने बिजनेस के लिए रिश्तेदारों अथवा दोस्तों या फिर व्यवसायिक सहयोगियों से लोन अथवा आपके बिजनेस में निवेश के लिए मदद मांगे।

बैंक में लोन के लिए आवेदन करें, जो आपके बिजनेस की Funding के लिए आवश्यक धनराशि का एक महत्वपूर्ण हिस्सा दे सकता है।

4. अपने व्यवसाय के लिए सही बीमा ना रखना:

वास्तव में बिजनेस बीमा महंगा हो सकता है, लेकिन यह आपके बिजनेस के दौरान किसी भी प्रकार की गलती अथवा दुर्घटना होने पर बहुत ही महत्वपूर्ण होता है।

उदाहरण के लिए मान लीजिए; अगर आपके कार्यालय में किसी ग्राहक को कोई चोट लग जाती है अथवा आपके कार्यालय के कंप्यूटर अथवा Systems चोरी हो जाते हैं।

तब इस परिस्थिति में आपको अपने व्यवसाय से संबंधित मुकदमों से निपटने में मदद मिलती है।

इसके साथ ही यदि किसी कारणवश आपके कार्यालय के उपकरण नष्ट हो जाते हैं अथवा किसी प्रकार की व्यापार में नुकसान या संपत्ति का नुकसान होता है, तो इस परिस्थिति में Business Property Insurance आपकी मदद कर सकता है।

अपने बिजनेस के लिए सही प्रकार के Insurance का चुनाव करते समय आपको अपने व्यवसायिक गतिविधियों का भी ध्यान रखना चाहिए। क्योंकि हर प्रकार के बिजनेस के लिए अलग-अलग प्रकार की Policies उपलब्ध होती है।

यदि आप अपने बिजनेस के लिए सही प्रकार के Insurance का चुनाव करने में समस्या का अनुभव कर रहे हैं, तो फिर आप एक Insurance Brokers से संपर्क कर सकते हैं। जो आपके बिजनेस के लिए उपयुक्त Insurance प्राप्त करने में आपका मार्गदर्शन कर सकते है।

5. अपने उत्पाद के लिए कम शुल्क लेना:

नए बिजनेस की शुरुआत के दौरान अक्सर व्यवसाय के मालिक सबसे बड़ी गलतियों में से एक गलतियां यह कर देते हैं कि वह अपने ग्राहकों से उत्पाद के लिए कम शुल्क वसूलते हैं। ताकि उन्हें ज्यादा ग्राहक मिल सकें!

वास्तव में आपको ऐसा लगता है कि यदि आप अपने Product के लिए कम शुल्क लेंगे, तो इससे आपका Product अधिक बिकेगा और आपके बिजनेस के जल्दी Grow होने की संभावना है।

अथवा आप यह सोच सकते हैं कि इससे आप अपने Competitors की तुलना में अधिक ग्राहक प्राप्त कर सकते हैं, लेकिन आपको यह समझना चाहिए कि यह बात हमेशा सही नहीं होती है।

क्योंकि ग्राहकों का मानना होता है कि वे जिस चीज के लिए भुगतान करते हैं, उन्हें उतना ही मिलता है। इस प्रकार से ग्राहक आपके उच्च गुणवत्ता वाले Product के लिए अधिक शुल्क देने को तैयार रहेंगे।

इसलिए यदि आपके Product में गुणवत्ता है, तो आपको उसे उपयुक्त दामों में ही बेचना चाहिए।

आपको अपने Product के लिए कितना शुल्क वसूलना चाहिए?, इसके बारे में पता लगाने के लिए आप बहुत सारे ग्राहकों के साथ अलग-अलग प्रकार की भुगतान विधियां अपना सकते हैं। इससे आपको यह पता चल जाएगा कि आपके लिए कौन सा सबसे अच्छा कार्य कर रहा है?

6. अपने बिजनेस का सही रिकॉर्ड ना रख पाना:

जब किसी ऐसे व्यवसाय की बात आती है, जिसका संचालन कोई एक व्यक्ति ही करता है, तो ऐसे व्यवसाय के मालिकों द्वारा की जाने वाली गलतियों में से एक सबसे बड़ी

गलतियां होती है कि वे अपने व्यवसाय का लेखा-जोखा सही तरीके से Manage नहीं कर पाते हैं!

आसान शब्दों में कहा जाए, तो ऐसे व्यवसाय के मालिक ज्यादातर अपने आय और व्यय की Tracking करने में गलतियां कर देते हैं।

इसलिए आपको ऐसी गलती नहीं करनी है, क्योंकि व्यवसाय के रिकॉर्ड बहुत ही महत्वपूर्ण होते हैं। इसका सबसे महत्त्वपूर्ण कारण यह है कि बिजनेस का सही रिकॉर्ड ना मौजूद होने पर आपको अधिक टैक्स भी देना पड़ सकता है।

उदाहरण के लिए: अगर आपने अपने बिजनेस में आय से ज्यादा खर्च किया है, लेकिन आपके पास उसका कोई Record नहीं है, तो फिर आपको अपने बिजनेस से होने वाली आमदनी पर टैक्स देना ही पड़ेगा फिर चाहे आपको उसमें छूट प्राप्त करने के हकदार ही क्यों ना हो!

इसके साथ ही अगर आप अपने बिजनेस का Record नहीं रखा जाता है, तो फिर आप IRS – Indian Revenue Services के द्वारा मिलने वाले लाभों को नहीं उठा पाते हैं!

इसका एक और फायदा यह है कि एक अच्छा व्यवसाय रिकॉर्ड रखने से आप कई तरीके से फायदे में रहेंगे, खासकर जब आप अपने बिजनेस की प्रगति की निगरानी करना चाहेंगे अथवा वित्तीय विवरण तैयार करना होगा। जिसमें व्यवसाय से रिटर्न के बारे में जानकारी भी हासिल करनी होती है।

इसलिए आपको अपने बिजनेस में खर्च किए गए और अर्जित किए गए प्रत्येक पैसे को ट्रैक करने के लिए एक उपयुक्त रिकॉर्ड रखना चाहिए। हालांकि इसके लिए वर्तमान समय पर बहुत सारे मोबाइल एप्लीकेशन अथवा डेस्कटॉप सॉफ्टवेयर मौजूद थे।

आप उनकी सहायता लेकर अपने व्यवसाय से संबंधित सभी रिकॉर्ड को सुरक्षित रख सकते हैं।

7. अपने व्यवसाय के लिए लाइसेंस न लेना:

कभी-कभी ऐसा होता है कि नए व्यवसाय के मालिक अपने बिजनेस के लिए लाइसेंस लेना ही भूल जाते हैं!

अक्सर ऐसा हो सकता है, यदि आप अकेले अपने व्यवसाय को Manage करते हैं अथवा घर से काम करते हैं।

यदि आप सही तरीके से व्यवसाय करना चाहते हैं, तो इसके लिए आवश्यक है कि आपके पास एक सामान्य Business Licence अपने पास रखना चाहिए।

यदि आपने अपने बिजनेस के लिए सामान्य लाइसेंस भी नहीं रखा है, तो हो सकता है कि यदि किसी को पता चलता है कि आप बिना लाइसेंस के व्यवसाय कर रहे हैं। तो इससे आपको कानूनी समस्याओं का सामना करना पड़ सकता है।

और यह भी संभव है कि आपको लाइसेंस शुल्क की तुलना में अधिक जुर्माना देना पड़ जाए!

इसके अतिरिक्त यदि आप अपने बिजनेस के लिए लाइसेंस नहीं रखते हैं, तो हो सकता है कि आप अपने व्यवसायिक मुकदमों में शामिल ना हो पाए

8. Trademark की सुरक्षा ना करना:

सबसे पहले हम आपको बता दें कि Trademarks यानी Intellectual Property का मतलब बौद्धिक संपदा से है।

चूंकि लगभग हर किसी व्यवसाय के पास अपनी किसी न किसी प्रकार की बौद्धिक संपदा होती है। जो आपके पास भी होगी और यदि आप उसकी सुरक्षा करने में असफल रहते हैं, तो यह आपके लिए नुकसानदायक हो सकता है।

बौद्धिक संपदा क्या है: आसान शब्दों में यदि आप अपने Products अथवा Services को पहचानने अथवा उनके मार्केटिंग करने के लिए किसी प्रकार के Logo, Slogan अथवा Name का उपयोग करते हैं।

तो वह आपके व्यवसाय के लिए ट्रेडमार्क होता है और अपने ट्रेडमार्क की सुरक्षा करने के लिए आपको उसे पंजीकृत करना चाहिए।

अपने ट्रेडमार्क को पंजीकृत कराकर आप उसका स्वामित्व प्राप्त कर लेते हैं और इससे कोई दूसरा व्यक्ति अथवा व्यवसाय आपके ट्रेडमार्क को चुरा नहीं सकता और यदि कोई उसका उपयोग करता है, तो आप उस पर कानूनी कार्रवाई कर सकते हैं।

9. Personal Bank Account का उपयोग करना:

जब आप अपने बिजनेस की शुरुआत Partnership, LLC – Limited Liability Company, Corporation के रूप में करते हैं, तो आपको अपनी कंपनी के लिए अलग से बैंक खाता बनाना चाहिए।

हालांकि यदि आप स्वयं एकमात्र मालिक के रूप में अपने व्यवसाय का संचालन कर रहे हैं, तो आप अपनी सभी व्यवसायिक संपत्तियों और आपकी व्यवसाय के द्वारा अर्जित किए गए किसी भी धान के एकमात्र स्वामी है।

इसलिए कानूनी तौर पर आपको अलग से Business Bank Account खोलने की आवश्यकता नहीं है! लेकिन फिर भी अपने व्यवसाय के लिए व्यक्तिगत खाते का उपयोग करना एक गलती है!

इसलिए आपको अपने व्यवसाय के लिए अलग से एक Business Account खोलना चाहिए, जो आपके सभी व्यवसायिक आय और व्यय का आधार होगा।

इसके साथ ही आप इसमें अपनी सारी आय को विभिन्न भुगतान विकल्प के माध्यमों से अपने खाते में जमा कर सकते हैं और उसी खाते से अपने व्यवसाय से संबंधित सभी भुगतान भी कर सकते हैं।

Important Points: इसके साथ ही आपको इस बात पर भी ध्यान देना चाहिए कि आपको अपने व्यक्तिगत खर्चों के लिए Business Account का उपयोग नहीं करना है और व्यवसाय खर्चों के लिए पर्सनल अकाउंट का उपयोग नहीं करना है।

10. किसी विशेषज्ञ की सलाह ना लेना:

जब आप अपना नया बिजनेस शुरू कर रहे होते हैं, तो इस परिस्थिति में आपको बहुत सारी चीजें नहीं पता होती है और इस कारण आप बहुत सारी गलतियां कर सकते हैं।

इससे बचने के लिए आपको किसी Business Experts से सलाह लेने के पीछे नहीं हटना चाहिए।

अपने व्यवसाय को आगे बढ़ाने के लिए किसी विशेषज्ञ की सलाह लेने में आपको हिचकिचाहट आ सकती है। अथवा आप शर्मिंदा भी हो सकते हैं।

लेकिन आपको इस चीज से फर्क नहीं पड़ना चाहिए, क्योंकि विशेषज्ञों को काम पर रखने से आपके व्यवसाय के आगे बढ़ने में बहुत महत्वपूर्ण भूमिका होती है।

आपको इसका एक और फायदा यह भी मिलेगा कि आप इन विशेषज्ञों पर जो भी खर्च करेंगे, वह खर्च अक्सर Fully Tax-Deductible होते हैं।

किसी भी नए व्यवसाय को शुरू करने के दौरान आपको निम्नलिखित कार्यों के लिए विशेषज्ञों की सहायता लेनी पड़ सकती है।

कानूनी कार्यवाही के लिए आपको एक व्यवसायिक वकील को सलाह के लिए रखना चाहिए।

आपको अपने व्यवसाय को अधिक लोगों तक पहुंचाने के लिए एक मार्केटिंग एक्सपर्ट को साथ रखना चाहिए।

आपको अपने व्यवसाय से संबंधित लेखा जोखा सही तरीके से Manage करने के लिए एक Bookkeeper की मदद लेनी पड़ सकती है

11.गलत लोकेशन पर बिजनेस स्टार्ट करना

अगर लोकेशन सही नहीं रहेगी तो बिजनेस नहीं चलेगा इसकी पूरी संभवना होती है। गलत लोकेशन का मतलब है पब्लिक की पहुंच से दूर वाली ऐसी जगह पर बिजनेस खोलना जहां ग्राहक न पहुंच सकें। गलत लोकेशन हम उन जगहों को भी कह सकते हैं जहां पर किसी खास प्रोडक्ट के ग्राहक न होना लेकिन वहां उस लोकेशन पर बिना मांग वाले प्रोडक्ट का बिजनेस खोलना। बिजनेस शुरु करने से पहले उस स्थान के बारें में जांच – पड़ताल अच्छी तरह से कर लेना अनिवार्य होता है।

12. समय पर बिजनेस बढ़ाने के बारें में न सोचना

कारोबारी शुरुवात में कम पैसों में बिजनेस शुरु कर देते हैं। बिजनेस चल जाता है। अब जब उनकों अपना बिजनेस बढ़ाना होता है तब वह खुद के पैसों को इक्कठा होने का इंतजार करने लगते हैं। यह ठीक नहीं है। कारोबारी को जब

लगे कि बिजनेस ठीक चल रहा है और अब बिजनेस बढ़ाना चाहिए तो बिना देर किये बिजनेस लोन के लिए ऑनलाइन अप्लाई कर देना चाहिए।

बिजनेस लोन की मदद से बिजनेस का विस्तार समय से कर लेने में बहुत भलाई है। क्योंकि, अगर आप धन इक्कठा होने का इंतजार करते रहेंगे तब तक कोई और अपना बिजनेस खोल लेगा और ग्राहकों का बंटवारा हो जायेगा। इसका सीधा असर कारोबारी के मुनाफा पर पड़ेगा। इससे बेहतर है कि जब लगे कि अब बिजनेस का विस्तार करना चाहिए, तो तुरंत बिजनेस लोन की मदद लेना चाहिए।

बिजनेस लोन की रकम को मंथली EMI के रुप में चुकाया जा सकता है। इस तरह बिजनेस का विस्तार भी हो जायेगा और कारोबारी को आर्थिक बोझ का भी सामना नहीं करना पड़ेगा। आपको जानकारी के लिए बता दें कि देश की प्रमुख एनबीएफसी ZipLoan द्वारा एमएसएमई करोबारियों को 7.5 लाख रुपया तक का बिजनेस लोन, बिना कुछ गिरवी रखे, सिर्फ 3 दिन* में मिलता है।

13. अनावश्यक खर्चों में बढ़ोतरी होना

अक्सर ऐसा होता है कि पैसा आने पर खर्च बढ़ ही जाता है। लेकिन एक कारोबारी को मितव्ययी होना चाहिए। अताार्थ जितना आवश्यकता हो उतना ही खर्च करना चाहिए। क्योंकि एक कारोबारी को हर वक्त इस बात के लिए तैयार रहना चाहिए कि कभी भी बिजनेस में धन की जरूरत हो सकती है। इसलिए व्यक्तिगत खर्च में कटौती करने का प्रयास करना चाहिए।

14: यह मान लेना कि आपको पता है कि ग्राहक क्या चाहते हैं

स्टार्टअप की दुनिया में आपको अपने फैसले खुद के रिपोर्ट के आधार पर नहीं लेने चाहिए। पहली बार जिज्ञासु की शुरुआत करने वाले ज्यादातर लोग इस बात से अनभिज्ञ होते हैं और इसका कारण यह है कि वह जिज्ञासु नहीं होते हैं। सीबी इनसाइट के एक सर्वे में 42 प्रतिशत जीवाश्मों ने बताया कि बाजार में उनके उत्पादों की कम जरूरत होने की सबसे पहली वजह है। अधिकांश फेल हुए शोधों में एक अभिनव रूप की खोज हुई, उस कोड को उत्पादों में बदलने के लिए महीनों का खर्च किया गया। उत्पादों को डिजाइन करने में भी काफी समय लगता है। जब यह प्रोडक्ट लॉन्च किए गए तो पता चला कि उनकी कॉपी के लिए बहुत छोटा या जीरो मार्केट है। इस तरह के दिखावे से आप अपने महत्त्वपूर्ण समय और धन को बचा सकते हैं यदि वे आपके अनुमानों पर नहीं, बल्कि वास्तविकता पर आधारित निर्णय लेते हैं। किसी पूर्वाग्रह पर काम शुरू करने से पहले, सबसे पहले अपने ग्राहक की जरूरत के हिसाब से समय खर्च को समझें। ऐसा उत्पाद तैयार करने की कोशिश में कटौती न करें जो पहले से ही समान समस्या का समाधान उसी तरह से कर रहा है,

जिसके जरिए आप चाहते हैं। आपको हमेशा कुछ अलग करने की कोशिश करनी चाहिए। किसी कोड को प्रोडक्ट के रूप में देने से पहले अपने ग्राहकों से मिलें और उनके बीच सर्वे करें।

किसी कोड को प्रोडक्ट में बदलने से पहले आप से कुछ सवाल जरूर चुनें:

कौन से लोग आपके उत्पादों को खरीदेंगे, जिन्हें आप तैयार कर रहे हैं?

आपके उत्पादों के लिए कितने मूल्य चुकाना चाहते हैं?

क्या आपके उत्पाद वास्तविक जरूरत को पूरा करने में मदद करेंगे?

क्या प्रतिस्पर्धी की तुलना में आपके उत्पाद ज्यादा बेहतर हैं?

15: विशेषज्ञों की कमी

आपके पास एक अच्छा प्रोडक्ट और बैंक एकाउंट में कुछ लाख रुपए हो सकते हैं, लेकिन आपके पास सही अनुभव और अच्छे लोग नहीं हैं तो आपका स्टार्टअप विफल हो सकता है। सही टीम और अनुभव ही आपके स्टार्टअप को सही परिणाम दे सकता है। सभी चीजों के लिए अपने आप को बेहतर मान लेना ही दूसरी सबसे बड़ी गलती हो सकती है। जो चीजें आप नहीं कर सकते उसके लिए आपको विशेषज्ञों की जरूरत होती है। उदाहरण के लिए आपको टैक्स और लीगल मुद्दों के लिए अनुभवी लोगों की आवश्यकता होगी। ऑनलाइन फ्री गाइल डाउनलोड कर आप यह सब चीजें नहीं सीख सकते। एक ऐसे विशेषज्ञ की खोज करें, जिसका काम यह हो कि वह वास्तव में जानता हो कि आपको किस चीज की जरूरत है। उदाहरण के लिए, सही वकील की नियुक्ति एक स्टार्टअप के लिए बहुत महत्वपूर्ण है। आपको एक वकील की जरूरत होती है जो आपको गाइड करे, ताकि आप किसी भी सरकारी नियम का उल्लंघन न करें। आपका वकील यह भी सुनिश्चित करेगा कि फाउंडर्स अपने अधिकारों को जानें। कर्मचारियों की भर्ती, फंड जुटाने और प्रोडक्ट के लिए पेटेंट हासिल करने के वक्त भी आपको वकील की जरूरत पड़ेगी। इसी तरह आपको अन्य अनुभवी लोगों की जरूरत पड़ेगी, जैसे डिजाइनर्स, डेवलपर्स, इंडस्ट्री कंसल्टैंट्रा, एसईओ और पब्लिक रिलेशन प्रोफेशनल्स आदि।

16: महत्वपूर्ण मेट्रिक्स की उपेक्षा

सफल स्टार्टअप एक रात में नहीं बनता। न ही यह कोई जादू से बनता है। सही सोच, अनुभव और लक्ष्य के साथ चलने वाला ही इसे हासिल कर सकता है। स्टार्टअप को लॉन्च करने से पहले आपको पहले कुछ नंबर्स को पता करना होगा। अधिकांश स्टार्टअप्स पहले बीटा वर्जन पर अपने आप को लॉन्च करते हैं ताकि वह अपने यूजर्स या कस्टमर्स के बारे में जानकारी हासिल कर सकें। आपको भी अपने स्टार्टअप के साथ ऐसा ही करना होगा। ऐसा करने से आप अपने प्रोडक्ट में और सुधार कर पाएंगे और इसके यूजर्स के अनुभव को बढ़ा पाएंगे। अपने प्रोडक्ट का बीटा वर्जन लॉन्च करने से पहले आपको कुछ महत्वपूर्ण मेट्रिक्स पर भी ध्यान देना चाहिए। यदि आपका स्टार्टअप बीटा के दौरान कुछ लक्ष्यों को हासिल करने में सफल नहीं होता है, तो यह इस बात का संकेत है कि कुछ ठीक नहीं है और इसे सुधारने की जरूरत है।

उदाहरण के लिए, यदि आपकी कस्टमर एक्वीजिशन कॉस्ट (सीएसी) बीटा के दौरान बहुत अधिक है तो यह इस बात का संकेत है कि आपको सस्ते या फ्री मार्केटिंग रणनीति की जरूरत है। यदि आपका चर्न रेट (वह रेट जिस पर कस्टमर आपके प्रोडक्ट का उपयोग करना बंद कर देता है) बहुत ज्यादा है, तो यह इस बात का संकेत है कि आपको अपने प्रोडक्ट यूजर्स के अनुभव को सुधारने की जरूरत है या भिन्न कस्टमर को टारगेट करने की आवश्यकता है।

यहां कुछ महत्वपूर्ण मेट्रिक्स हैं जिनपर आपको ध्यान देना चाहिए:

कनवर्जन रेट (यह वह रेट है जिस पर आपकी वेबसाइट पर आने वाले विजिटर्स कस्टमर्स में परिवर्तित होते हैं)

रिक्यूरिंग रेवेन्यू (पुराने कस्टमर्स से हर माह प्राप्त होने वाली राशि)

रिटेनशन रेट (इस रेट से पता चलता है कि फर्स्ट टाइम यूजर्स लगातार आपके प्रोडक्ट को कितने महीने या साल तक यूज कर रहा है)

लाइफ टाइम कस्टमर वैल्यू (इससे यह पता चलता है कि कोई कस्टमर कितने समय से आपकी कंपीन के साथ जुड़ा हुआ है)

17: लॉन्च करने में बहुत अधिक देरी करना

प्रत्येक फीचर पर बहुत अधिक फोकस करने और लॉन्च से पहले इसे पूरी तरह से सही करने की कोशिश करना अधिकांश स्टार्टअप द्वारा की जाने वाली सामान्य गलती है। और

यही गलती भारी पड़ती है। यहां हमेशा एक नया फीचर जोड़ने की जरूरत होती है, हमेशा हर फीचर को बेहतर बनाने की और हमेशा कुछ ऐसा होता है जो सही नहीं दिखता। आज हम जितने सफल प्रोडक्ट का इस्तेमाल कर रहे हैं उनका पहला वर्जन खराब था, लेकिन बदतर नहीं था।

यदि आप लॉन्च के लिए बहुत अधिक इंतजार करते हैं, तो आपका प्रतिद्वंदी आपसे आगे निकल सकता है और वह फर्स्ट-मूवर एडवांटेज हासिल कर सकता है। सबसे पहले लॉन्च करने से आपको अपने प्रोडक्ट को रिव्यू करने और फीडबैक हासिल करने में मदद मिलती है, जिनकी मदद से आप अपने प्रोडक्ट को और इम्प्रूव कर सकते हैं।

18.अपने उत्पादों या सेवाओं को कम आंकना

कई बार, हमारी क्षमता में आत्मविश्वास की कमी और असफलता के डर से हमें अपने उत्पादों और सेवाओं की कीमत कम करनी पड़ती है। यह लेने के लिए एक खतरनाक रास्ता है क्योंकि यह आपके द्वारा तालिका में लाए गए अद्वितीय मूल्य को कम कर देता है और नाराजगी और हताशा की संभावना को खोलता है। आपके सामानों को अनदेखा करने से वसूली एक लंबी सड़क है, इसलिए आपको बाजार में अच्छी तरह से पता लगाना चाहिए क्योंकि आप जो भी बेच रहे हैं उसके लिए सर्वोत्तम मूल्य प्रविष्टि बिंदु की पहचान करने के लिए अपना व्यवसाय शुरू करते हैं।

19.नई तकनीक से बचना

छोटे व्यवसाय के मालिकों के रूप में, प्रौद्योगिकी नए अवसर प्रदान कर सकती है, हमारे काम को अधिक कुशलता से करने में मदद करती है और यहां तक कि हमें पैसे बचाने में भी मदद करती है। नई तकनीक भयभीत करने वाली हो सकती है, और सीखने और समझने के लिए समय की आवश्यकता होती है, लेकिन तकनीकी प्रगति के अनुकूल अनिच्छा आपके व्यवसाय को अल्पकालिक और दीर्घकालिक रूप से नुकसान पहुंचा सकती है।

20.मार्केटिंग से डरना

मार्केटिंग, माउथ रेफरल शब्द से लेकर पारंपरिक विज्ञापन तक, इंटरनेट मार्केटिंग तक कई रूप ले सकता है। जब विपणन की बात आती है तो कोई निर्धारित नियम नहीं होते हैं; आपके लिए सर्वोत्तम प्रकार का विपणन आपके व्यवसाय और आपके लक्षित दर्शकों पर निर्भर करता है। गलती मान रही है कि आपको बाजार की जरूरत नहीं है और वह

व्यवसाय आपके पास आ जाएगा।

21.आदर्श ग्राहक की पहचान न करना

किसी भी सफल विपणन अभियान का एक महत्वपूर्ण हिस्सा यह समझना है कि आपका आदर्श ग्राहक कौन है। मार्केटिंग बजट बनाना और हर चीज़ को थोड़ा आज़माना पर्याप्त नहीं है। आपको यह पता लगाने के लिए बाजार अनुसंधान करने की आवश्यकता है कि आप किस तक पहुंचने की कोशिश कर रहे हैं, आप उन्हें कहां पा सकते हैं और वे आपकी मार्केटिंग गतिविधियों पर कैसे प्रतिक्रिया देंगे।

22. सब काम खुद करना

एक छोटा व्यवसाय स्वामी यह जानने के लिए तैयार हो सकता है कि सभी ट्रेडों का जैक कैसे हो, लेकिन इसका उस तरह से होना आवश्यक नहीं है। प्रभावी प्रतिनिधिमंडल नए छोटे व्यवसाय के मालिकों के लिए अपने व्यवसाय का निर्माण करने, व्यावसायिक गतिविधियों के लिए अपना समय खाली करने और उनकी विशिष्ट विशेषज्ञता के लिए भविष्य की सफलता के लिए तैनात टीम का निर्माण करने के सर्वोत्तम तरीकों में से एक हो सकता है।

23. समर्पण और प्रतिबद्धता (कमिटमेंट) नहीं करना

व्यवसाय शुरू करने के लिए ड्राइव, समर्पण और प्रतिबद्धता की गंभीर भावना जैसे कई सफलता उन्मुख चरित्र लक्षणों की आवश्यकता होती है। छोटे व्यवसाय के मालिकों को बलिदान करने के लिए तैयार होने की आवश्यकता होती है, आवश्यक समय में डाल दिया जाता है, और चुनौतियों का सामना करना पड़ता है यदि वे चाहते हैं कि उनके व्यवसाय सफल हों।

24. मार्केट में अपने प्रोडक्ट्स की जरूरत को समझना।

अगर आप स्टार्टअप शुरू करना चाहते हैं। तो शुरुआत में आपको इस बात पर जरूर ध्यान देना होगा।की आप जो भी प्रोडक्ट या सर्विस का स्टार्टअप शुरू करने वाले है क्या मार्केट में उसकी जरूरत भी हैं या नहीं।

अगर आप मार्केट में कोई ऐसा प्रोडक्ट शुरू करते हैं। जिसकी मार्केट में पहले से किसी और कंपनी द्वारा सेल किया जा रहा हैं। ऐसे में आपके प्रोडक्ट के लिए मार्केट में जगह बना

पाना काफी मुश्किल काम होगा। वो भी अगर आपके पास बजट कम हैं। जिसके कारण आपका स्टार्टअप फेल भी हो सकता हैं।

आपको देखना होगा की आप जिस भी प्रोडक्ट या सर्विस का स्टार्टअप शुरू करने वाले हैं। उस प्रोडक्ट को बनाने वाली कंपनियां अपने प्रोडक्ट में क्या कमी कर रही हैं। जिसकी ग्राहकों को कमी खल रही हैं। ऐसे में अगर आप उस कमी को जानकारी उसे पूरा करते हो। तो फिर आपका स्टार्टअप सफल हो सकता हैं।

हो सकता है शुरू में उसे लोग पसंद न करें । लेकिन कुछ दिनों बाद जरूर पसंद करेंगे।

मार्केट में किस प्रकार के प्रोडक्ट की डिमांड हैं। ऐसे में आप मार्केट में रिसर्च करके उन प्रोडक्ट या सर्विस के सेल भी कर सकते हैं।

इसलिए कोई भी स्टार्टअप शुरू करने से पहले उस प्रोडक्ट या सर्विस की मार्केट रिसर्च करना जरूरी हैं।

25.मजबूत नेटवर्क बनाएं

आपके पास कितना भी बड़ा बिजनेस प्लान हो। आपको काम का कितना भी अनुभव हो। उसे सफल बनाने के लिए आपको एक मजबूत नेटवर्क की जरूरत होती हैं। एक मजबूत नेटवर्क ही आपके बिजनेस को आगे बढ़ाने में मदद करता हैं।

मजबूत नेटवर्क बनाने के लिए आप बिजनेस इवेंट्स या सेमिनार का हिस्सा बन सकते हैं। जहां पर आप खुद भी जाएं और टीम को भी साथ लेकर जाए ताकि उन्हे भी बिजनेस की बारीकियों के बारे में पता चल सके

26.टीम का चयन करें

स्टार्टअप को अकेला आदमी सफल नहीं बना सकता हैं। क्योंकि किसी भी स्टार्टअप में अनेक प्रकार के काम होते हैं। जिन्हें अकेले आदमी के लिए संभाल पाना मुश्किल काम हैं।

इसलिए किसी भी स्टार्टअप को सफल बनाने के लिए अच्छी टीम की जरूरत होती हैं। जो आपके साथ कड़ी मेहनत करें। अपनी टीम में हमेशा विश्वसनीय और टैलेंटेड लोग ही हायर करें।

कुछ लोग स्टार्टअप में ज्यादा पैसे बचाने के चक्कर में सभी काम खुद ही करते हैं। जिसके कारण वे किसी काम को सही तरीके से नहीं कर पाते हैं। या फिर अपनी टीम में गलत लोगों का चयन कर लेते हैं। जिसके कारण उनके स्टार्टअप फेल हो जाते हैं।

6

एक SUCCESSFUL स्टार्टअप FOUNDER केसे बने

प्रभावशाली लीडर न सिर्फ लोगों पर अपना असर छोड़ता है, बल्कि उनकी कुशलता को भी सही दिशा में लेकर जाता है.

टीम लीडर ऐसा होना चाहिए जो अपने सहकर्मियों को प्रेरित करे. अगर आप भी बेहतरीन टीम लीडर बनना चाहते हैं तो आपको यह हुनर सीखना होगा. अच्छा नेतृत्व कौशल न सिर्फ टीम कार्यक्षमता बढ़ाता है बल्कि इससे सहकर्मियों का आत्मविश्वास भी बढ़ता है.

प्रभावशाली प्रबंधन न सिर्फ लोगों पर अपना असर छोड़ता है, बल्कि उनकी कुशलता को भी सही दिशा में लेकर जाता है. प्रोत्साहन और प्रगति का गहरा संबंध होता है. जानिए कुछ ऐसे तरीके, जो आपको एक बेहतरीन टीम लीडर बना सकते हैं:

1. ईक्यू LEVEL पर दें ध्यान

जैसे अक्ल के लिए आईक्यू जरूरी होता है, वैसे ही टीम में ईक्यू यानी इमोशनल कोशंट जरूरी होता है. हैकअर्थ के सह-संस्थापक विवेक प्रकाश कहते हैं, "छोटी-छोटी बातों में दखल दिए बगैर टीम को निर्देश देना चाहिए. नए आइडियाज के लिए अपने विचार खुला रखें और उन्हें अपनाने से कतराएं नहीं

बेंगलुरु आधारित इस टैलेंट स्टार्टअप के सह-संस्थापक ने कहा, "जरूरी है कि टीम में सभी को जगह मिले और हर किसी की भावना का सम्मान हो. लीडर होना तानाशाह होना नहीं है. सबकी सुनकर टीम के हित में लिए जाने वाले फैसले ही सर्वोत्तम होते हैं."

2. सभी को शामिल करें

टीम में मिलनसार और शर्मीले, दोनों ही प्रकार के लोग होंगे. जरूरी है कि जो लोग टीम से दूर रहते हैं, उन्हें भी टीम में जोड़ा जाए. एक या जो खिलाड़ी मैच जीता सकते हैं, मगर पूरी

प्रतियोगिता जीतने के लिए सभी को एकजुट प्रयास की जरूर

एप आधारित लोन देने वाले स्टार्टअप मनीट्रैप के सह-संस्थापक बाला पार्थसारथी ने कहा, "अच्छे लीडर की यही पहचान है कि वह शांत रहने वाले लोगों को शामिल करें. शांत मस्तिष्क में बेहतर विचार पनपते हैं."

3. संचार-संपर्क पर दें ध्यान

टीम में संचार और संपर्क की भूमिका काफी महत्वपूर्ण होती है. संदेशों का दोहराव होने से समय नष्ट होता है. मनीट्रैप के पार्थसारथी ने कहा कि लीडर्स को अपनी बात कहानियों और प्रसंगों के जरिए समझानी चाहिए. इससे ग्रहण क्षमता बेहतर होती है.

हैकरअर्थ के प्रकाश ने कहा, "लीडर्स की बातचीत पारदर्शी होनी चाहिए. वे अपने लक्ष्य को लेकर गंभीर और कार्यशैली के प्रति सचेत होने चाहिए. यह सुनिश्चित करना उनका दायित्व है कि टीम के प्रयास उसी दिशा में बढ़ रहे हों."

4. सहानुभूति है जरूरी

एच टेक सॉल्युशन स्टार्टअप एज नेटवर्क्स के संस्थापक अर्जुन प्रताप के अनुसार, एक अच्छे लीडर में संवेदनशीलता और सहानुभूति होना बेहद जरूरी है. इससे कार्यक्षेत्र का माहौल बेहतर बना रहता है और दीर्घावधि संबंधों का निर्माण हो सकता है.

उन्होंने कहा, "लीडर खुद को कर्मचारी की स्थिति में रख कर देखे तो बेहतर होता है. इससे कर्मचारी का नजरिया समझने का अवसर मिलता है. आपको टीम की खूबियों और खामियों का पता चलता है. फैसले लेना काफी नहीं. उनपर सही तरीके से अमल करना जरूरी है."

5. योगदान की हो सराहना

हर कोई चाहता है कि टीम में उसके योगदान की सराहना हो. इसलिए सभी के प्रयासों का संदर्भ लिया जाना चाहिए. इससे टीम में जुड़ाव की भावना उत्पन्न होगी. साथ ही टीम के साथियों को फीडबैक और आलोचना का भी मौका मिलना चाहिए.

एज नेटवर्क्स के अर्जुन प्रताप ने कहा, "बेहतर काम करने वालों को पुरस्कृत किया जाना चाहिए. इससे न सिर्फ टीम में अच्छा माहौल बनता है, बल्कि दूसरे साथियों को भी प्रत्साहित किया जा सकता है. अपना मूल्यांकन करना भी जरूरी है."

6.धैर्य रखना सीखें

सफल बिजनेसमैन बनने का काम कोई एक , महीने का नहीं हैं। इसमें आपको कई वर्षों तक कड़ी मेहनत करनी होती हैं। उसके बाद ही कुछ रिजल्ट मिलता हैं। आप दुनिया में जितने भी बड़े बड़े स्टार्टअप कंपनी देखते हो।

उन्हे सफल होने में कई कई वर्ष यानि कि पाँच से दस वर्ष तक लगे हैं। तब जाकर आज उन्हे दुनिया ऐसी स्टार्टअप को जानती हैं। एक सफल बिजनेसमैन बनाना कोई सो मीटर की रेस नहीं हैं ये एक लंबी मैराथन हैं। जहां पर आपको बिना रुके रिजल्ट की प्रवाह किया बगैर कड़ी मेहनत करनी होती हैं।

अगर आप चाहते हैं कि आप जो भी काम करो आपको तुरंत ही उसका रिजल्ट मिले, तो आप सफल बिजनेसमैन नहीं बन सकते हैं। फिर स्टार्टअप अपने लिए नहीं हैं। कोई कोई ऐसा काम शुरू करना होगा जहां पर आपको रोजाना आपकी मेहनत का पैसा मिले।

इसको हम एक उदाहरण से समझते हैं। कि अगर आपने फल का कोई पेड़ लगाया। अब आप सोचो कि मैंने आज पेड़ लगाया हैं। कल मुझे इससे फल मिलने लगे। तो क्या ये संभव हैं। जी नहीं

अगर आपको पेड़ से फल खाने हैं, तो आपको इसके लिए कम से कम पाँच से सात साल तक धैर्य करना होगा। तब जाकर आप इससे फल खा सकते हो। वे भी पीढ़ियों तक।

बिजनेस भी इसी प्रकार काम करता हैं। आपको बिजनेस की देखभाल पेड़ की तरह करनी होती हैं। तब जाकर आप इससे फल की उम्मीद रख सकते हो।

7. विजन बड़ा होना चाहिए।

हर बड़े सफर की शुरुआत छोटे से कदम से शुरू होती हैं। दुनिया में जितनी बड़ी बड़ी कंपनियों आपको नजर आएगी। उन सभी की शुरुआत बहुत छोटे स्तर यानि कि जीरो से शुरू हुई थी। लेकिन उनका विजन काफी बड़ा था।

कंपनी शुरू करने वाले फाउंडर की नजर उस बड़े विजन पर थी। जिसके कारण उनके सामने उस बड़े विजन तक पहुंचने वाले रास्ते खुलते गए। जिनको लेकर काफी मेहनत की गई।

इसी प्रकार अगर आप भी खुद को भविष्य में एक सफल बिजनेसमैन के तौर पर देखना चाहते हैं तो आप भले ही अपने स्टार्टअप की शुरुआत छोटे से स्तर से करो, लेकिन हमेशा अपना बड़ा विजन रखो

8. कस्टमर को वैल्यू दें

अगर आपके प्रोडक्ट या सर्विस से कस्टमर ही संतुष्ट नहीं है ,तो आपका स्टार्टअप जल्द ही फ्लॉप हो जाएगा। अगर आप चाहते हैं कि आपका स्टार्टअप सफल हो तो आपको अपने कस्टमर को वो वैल्यू देनी होगी। जिसका आप वादा करते हैं।

आपका प्रोडक्ट कितना महंगा हैं, इससे फर्क नहीं पड़ता, लेकिन उससे आपके कस्टमर को पूरी संतुष्टि मिलनी चाहिए।

इसे एक उदाहरण से समझते हैं। एप्पल का स्मार्टफोन 50 हजार से एक लाख रुपये तक मिलते हैं। लेकिन लोग उसे इसलिए खरीदते हैं। ताकि क्योंकि उससे लोगों को उतनी वैल्यू मिलती हैं।

जिसका वादा एप्पल अपने कस्टमर से करता हैं। यही कारण हैं दुनिया में स्मार्टफोन चलाने वाले यूजर्स का सपना एप्पल चलाने का होता हैं।

आप झूठ बोलकर किसी भी कस्टमर को एक दो प्रोडक्ट सेल कर सकते हो लेकिन उससे आप अपने कस्टमर की नजरों में गिर जाओगे। जिससे आपके ही बिजनेस को नुकसान होगा।

कुछ लोग शुरुआत में तो अपने कस्टमर को अच्छी सर्विस और प्रोडक्ट प्रदान करते हैं। लेकिन जब उनके प्रोडक्ट या सर्विस कि सेल अच्छी होने लगती हैं तो वे अपने प्रोडक्ट की क्वालिटी कम कर देते हैं जबकि ऐसा करना सही नहीं हैं। इससे आप अपने स्टार्टअप का ही नुकसान करने वालों हो

9.शुरुआत में फ्रीलांसर से काम करवाएं

अगर आपके पास लिमिटेड बजट हैं लेकिन आप अकेले काम नहीं कर पा रहे हैं, तो ऐसी स्थिति में आप फुल टाइम कर्मचारी रखने के बजाए फ्रीलांसर्स से काम करवा सकते हो। इससे आपके ऊपर ज्यादा बोझ नहीं बनेगा।

आप जितना काम करवाएंगे आपको उतनी ही राशि चुकानी होगी। वरना फुलटाइम कर्मचारी में सबसे बड़ी समस्या यह रहती हैं कि कंपनी में काम हो या ना हो आपको महीने में सेलरी देनी होगी।

इसलिए आपके ऊपर सैलरी का अलग से प्रेशर रहता हैं। जब आपको लगे कि आपका स्टार्टअप अच्छा चल रहा हैं। तब आप फुल टाइम कर्मचारियों की टीम बना सकते हो। जो आपके साथ रहकर काम करें।

10.क्विक लर्नर बनें।

अगर आप सोचते हो कि हमारे पास जो जानकारी हैं, हम उसी से आगे बढ़ सकते हैं , हम अपने बिजनेस के बारें में सब जानते हैं इसलिए हमें सीखने की जरूरत नहीं हैं। तो ये आपकी गलतफहमी हैं।

दुनिया के जितने भी बड़े बड़े सफल Entrepreneur हैं। वे आज भी अपने काम में से कुछ समय निकालकर पढ़ाई करते हैं। कि वे अपने बिजनेस को और बेहतर कैसे बना सकते हैं। कैसे ग्रो कर सकते हैं।

इतना सफल होने के बावजूद भी अगर वे आज भी पढ़ते हैं। बिजनेस को आगे लेकर जाने के लिए नई नई चीजें सीखते रहते हैं। तब आप सोच सकते हो कि आपको कितना सीखना होगा।

अगर आप भी एक सफल Entrepreneur बनाना चाहते हो। आप चाहते हो दुनिया में आपके स्टार्टअप का नाम तो आप अपने बिजनेस के बारे में अपना दिमाग खुला रखना होगा।

जहां से भी आपको सीखने के लिए कुछ मिले उसे तुरंत दिमाग भी फिट करें आप चाहो तो किसी डायरी में भी लिख सकते हैं। आजकल मोबाइल में भी नोट करने के लिए काफी ऐप होते हैं।

रोजाना अपने बिजनेस से जुड़ी हुई किताबे पढ़ें। कुछ किताबें ऐसी होती हैं। जिन्हे आपको कोई भी बिजनेस शुरू करने से पहले जरूर पढ़नी चाहिए।

7

हमेशा खुद को उत्साहित कैसे रखें

हर इंसान को कोई भी काम करने के लिए Motivation की जरूरत होती हैं क्यूंकि बिना मोटिवेशन के हमारा confidence loose होने लगता हैं और इसी Confidence को बनाये रखने के लिए अक्सर हम Motivational Videos देखते है या कोई ऐसी ही books पढ़ने लगते हैं कि अपना confidence level कैसे बनाये रखें या खुद को Motivate कैसे रखे?

लेकिन जैसा कि आप भी जानते हैं कि थोड़े समय के लिए तो हम full confidence से भर जाते है लेकिन जैसे जैसे समय गुजरता हैं हमारा motivation जैसे गायब ही होने लगता हैं। यानि मोटिवेशन का गुब्बारा फुस्स हो जाता हैं।

इसके बाद हम फिर से motivational video देखने लग जाते हैं और इस प्रकार यूं ही हमारा समय गुजरता जाता है।

तो अब सवाल आता हैं कि हमेशा खुद को Motivate कैसे रखे ताकी बार बार Motivational Videos देखने में हमारा समय ख़राब न हो और हम हमेशा Energetic महसूस करें।

इसके लिए हमने कुछ Tips आपके लिए बनाए हैं

1. अपने लक्ष्यों को अपने सहकर्मियों, दोस्तों और परिवार के साथ साझा करें

यदि आप अपनी दृष्टि के बारे में गंभीर हैं, तो आपको इसे उन लोगों के साथ साझा करना चाहिए जिनके आप निकट हैं।

एगेललिस्ट के संस्थापकों में से एक और एक प्रमुख स्टार्टअप निवेशक, नवल रविकांत कहते हैं: "मैं अपनी खुद की कंपनी शुरू करने में सचमुच शर्मिंदा था।"

एक उद्यमी बनने से पहले, उन्होंने जिस कंपनी में काम किया था, उस कंपनी में अपने सहकर्मियों से कहा कि वह वहां अस्थायी रूप से कार्यरत हैं - जब तक कि वह अपना खुद का व्यवसाय शुरू नहीं कर लेते। नतीजतन, जैसे-जैसे समय बीतता गया, उनके सहकर्मी अक्सर उनसे पूछते थे कि उन्होंने अभी तक नौकरी क्यों नहीं छोड़ी। आखिरकार, इसने उन्हें

छलांग लगाने की प्रेरणा दी।

जैसा कि रॉबर्ट सियालडिनी ने अपनी पुस्तक इन्फ्लुएंस में खोजबीन की है, लोगों में सामाजिक संदर्भ में अपने पिछले शब्दों और कार्यों के अनुरूप बने रहने की तीव्र इच्छा होती है। इसका मतलब यह है कि सक्रिय रूप से लोगों को यह बताना कि आप क्या करना चाहते हैं, एक शक्तिशाली प्रेरक कारक के रूप में कार्य करता है क्योंकि अपनी प्रतिबद्धताओं का पालन नहीं करने पर सामाजिक लागत आती है।

दूसरे शब्दों में, कठिन समय में काम करने की तुलना में छोड़ना अधिक दर्दनाक विकल्प बन जाता है। यह हमेशा ऐसा नहीं होता है यदि आप अकेले ही हैं जिनसे आपने वादा किया था।

2. अपने लक्ष्यों को लिखें

उस ने कहा, वही इच्छा - अपनी पिछली प्रतिबद्धताओं के अनुरूप बने रहने के लिए, प्रेरणा के आंतरिक स्रोत के रूप में उपयोग की जा सकती है।

रॉबर्ट Cialdini साझा करता है कि डोर-टू-डोर सेल्सपर्सन ने यह खोज की कि वे नाटकीय रूप से अपने रिफंड को कम कर सकते हैं, केवल ग्राहक को बिक्री प्रतिनिधि के बजाय बिक्री समझौते को भरने के लिए। दूसरे शब्दों में, बिक्री के लिए व्यक्तिगत रूप से प्रतिबद्ध होने से खरीदार का पछतावा कम हो जाता है।

आप खुद पर भी यही मनोवैज्ञानिक तरकीब इस्तेमाल कर सकते हैं - अपनी प्रतिबद्धताओं को लिख लें और उन्हें कहीं दिखाई देने वाली जगह पर रख दें (यानी अपने काम की मेज पर)। कागज का यह साधारण टुकड़ा आपको अपने प्रति जवाबदेह ठहराएगा।

3. सुनिश्चित करें कि आप कुछ समय उन कार्यों के लिए छोड़ते हैं जिन्हें आप पसंद करते हैं

एक बार जब आपका स्टार्टअप एक चमकदार नए विचार से एक वास्तविक व्यवसाय में बदल जाता है, तो आपको अक्सर ऐसी गतिविधियों में बहुत समय देना पड़ता है जो बहुत प्रेरक नहीं होती हैं। आपको कानूनी और लेखांकन प्रश्नों का पता लगाना है, आपको दोहराए जाने वाले परिचालन कार्यों आदि को करना है।

यह सब अपरिहार्य है। बहरहाल, यदि आप अनुशासित और निरंतर बने रहना चाहते हैं, जो कि सफल उद्यमियों का एक महत्वपूर्ण लक्षण है , तो आपको यह सुनिश्चित करने की आवश्यकता है कि आप एक संस्थापक के रूप में अपनी वास्तविक नौकरी से नफरत नहीं करते हैं।

इस प्रभाव का मुकाबला करने के लिए एक तरकीब है कि आप रोजाना कुछ समय या कम से कम कमजोर रूप से छोड़ दें ताकि आप किसी ऐसी चीज में निवेश कर सकें जिसे करने में आपको मजा आता है। यह कुछ भी हो सकता है जिसका आप आनंद लेते हैं - रणनीतिक योजना, डिजाइन का काम, अपने स्टार्टअप की वेबसाइट के लिए सामग्री लिखना, आदि। भले ही यह एक संस्थापक के रूप में आपके समय का सबसे अच्छा निवेश

न हो (हमेशा अधिक दबाव वाले मुद्दे होते हैं), यह होगा यदि यह आपको प्रेरित रहने और अपने कार्यदिवसों के लिए तत्पर रहने में मदद करता है तो अपने लिए भुगतान से अधिक।

संक्षेप में, जब आप प्रेरित होते हैं तो अपने स्टार्टअप पर काम करना आसान होता है, लेकिन प्रेरणा हमेशा के लिए नहीं रहती। फिर भी, केवल अनुशासन और दृढ़ इच्छा शक्ति के माध्यम से निरंतर बने रहना कहना आसान है, लेकिन करना आसान है। ऊपर दी गई कुछ तरकीबों को अपनाकर आप चीजों को बहुत आसान बना सकते हैं जो कठिन होने पर आपको प्रेरित रहने में मदद कर सकती हैं।

4. – खुद पर भरोसा करें:

आप चाहे जितने मोटिवेशनल videos देख ले जब तक आपको खुद पर यकीन नहीं होगा तब तक कभी भी आपके अंदर असली वाला confidence नहीं आएगा। ऐसा मैं इसलिए बोल रहा हूँ क्यूंकि दूसरों से ज्यादा आसान हैं खुद पर यकीन करना।

इसलिए पहले आपको खुद पर ही भरोसा करना सीखना होगा कि हां इस काम को मैं कर सकता हूँ वो भी पूरे आत्मविश्वाश के साथ।

आप चाहे जितने भी सफलतम लोगों के बारे में बात करें तो आप पाएंगे कि एक बात उन सभी में common हैं और वो हैं Self-confidence यानि आत्मविश्वाश।

self confidence वाले लोगों को किसी भी तरह के बाहरी motivation की कोई जरुरत नहीं होती हैं। उनके अंदर आत्मविश्वाश कूट कूट कर भरा होता हैं इसलिए वे हमेशा energetic महसूस करते हैं।

5. - Negative विचारधारा वाले लोगों से दूर रहें:

आप उतने ही जल्दी सफल होंगे जितने ज्यादा पॉजिटिव विचारधारा वाले लोग आपके आसपास रहेंगे। क्यूंकि ऐसे लोग आपके आसपास एक ऐसा वातावरण बना देते हैं जिससे आप हमेशा खुश रहते है और हमेशा अच्छा ही सोचते है।

इसके ठीक विपरीत कुछ ऐसे व्यक्ति भी होते है जो बात बात पे आपको ये बोलेंगे कि ये काम तुम क्यों कर रहे हो, इसमें तो आज तक कभी कोई सफल नहीं हो पाया हैं तो फिर तुम क्यों इसमें अपना समय बर्बाद कर रहे हो?

अतः मेरे दोस्त आप भी ऐसे नेगेटिव लोगों को पहचानो और जितना ज्यादा हो सके ऐसे लोगों से कम ही बात करो और किसी न किसी बहाने से उनसे दूर जाने की कोशिश करो।

6. एक Goal decide करें और उसी पे Focus करें:

आपने महाभारत में अर्जुन का वो किस्सा तो सुना ही होगा न जिसमे अर्जुन भरी सभा में मछली की परछाई देखकर उसकी आंख पे तीर से निशाना लगाता है। आखिर अर्जुन ऐसा कैसे कर पाया?

तो इसका जवाब है अपने असली Goal पे Focus करना। अर्थात अर्जुन को मालूम था कि उसे पूरी मछली दिखाई दे रही है लेकिन उसे तो सिर्फ मछली की आंख को ही अपने तीर से भेदना था तभी द्रोपदी से उसका विवाह हो पायेगा।

इसलिए मेरे दोस्त!! आप भी अपनी लाइफ में अर्जुन की तरह एक Goal निर्धारित करें और सिर्फ उसी के लिए काम करें।

अगर आपका Goal बड़ा है तो उसे कई टुकड़ों में बाँट ले और एक एक करके उन्हें पूरा करते जाये। फिर देखना आपके सभी छोटे छोटे टारगेट पूरे होने लगेंगे और अंततः आप अपने मुख्य टारगेट को भी प्राप्त कर लेंगे।

7.अपने लक्ष्य को हमेशा याद रखें:

जब भी आप अपने आपको demotivate महसूस करें तो अपने लक्ष्य को याद करें। आप ये सोचे कि अभी मेरा Goal अधूरा हैं और जब मैं इसे हासिल कर लूंगा तो उस समय मुझे और मेरे परिवार को कितनी ख़ुशी मिलेगी।

इससे आपको आगे बढ़ने की उम्मीद मिलेगी कि हां! अभी तो मुझे अपना target achieve करना हैं और जब तक मैं इसे प्राप्त नहीं कर लेता मैं हार नहीं मानूंगा।

यकीन मानिये तब आपका लक्ष्य ही आपके लिए एक प्रेरणा बन जायेगा और फिर demotivate होने के सारे बहाने आपसे दूर भागने लगेंगे।

8 . सिर्फ सोचे नहीं काम भी शुरू करें:

कई लोगों की आदत होती हैं कि वो अपने लिए कई बड़े बड़े सपने देखते है और मन ही मन पूरा प्लान भी बना लेते हैं, हमेशा उसी के बारे में सोचते रहते हैं लेकिन उसके लिए कभी काम करना शुरू भी नहीं करते।

कभी कभी तो वो इतना ज्यादा सोच विचार करते हैं कि उन्हें लगता है कि यार ये काम तो थोड़ा मुश्किल हैं, इसमें तो ये मुश्किल आएगी, इसके लिए तो बहुत मेहनत लगेगी आदि।

इस प्रकार ज्यादा सोचने से मन ही मन में उनका पूरा प्लान ही ठप पड़ने लग जाता है और फिर वे उस काम को छोड़कर कुछ नया प्लान बनाने लग जाते हैं और एक बार फिर वही विचारों का महा संग्राम शुरू !!

9. हर छोटी बड़ी खुशियों का जश्न मनाये:

हमारी लाइफ में कई ऐसे पल आते है जो हमें खुश होने का मौका देते है लेकिन हम अपने आपमें इतने busy रहते हैं कि उन पलों का आनंद लेना ही भूल जाते हैं या फिर हम उन्हें इतना महत्व ही नहीं देते हैं।

इसके ठीक विपरीत दुःखी होने के लिए तो आप हर छोटी छोटी बात को दिल पे ले लेते हैं। ऐसा क्यों? तो दोस्त !! ये सब आपके ऊपर ही निर्भर करता हैं कि हर पल का आनंद कैसे लेते हो।

10. खुश रखना सीख ले:

एक बात तो तय हैं कि खुशियाँ आपके अंदर गजब का motivation पैदा करती हैं। शायद आपने भी किसी खुश मिजाज इंसान को कभी demotivate होते हुए नहीं देखा होगा। खुश रहने से हमारे अंदर positive विचार आने लगते हैं और फिर हर असंभव काम संभव लगने लगता हैं।

इसलिए मेरे दोस्त!! ऐसी चीजे छोड़ो जो आपको केवल बाहर से खुश करती हैं और वो भी केवल कुछ पल के लिए। आपको कुछ ऐसा करना होगा जो सच में आपको खुश रहना सीखा दे।

11. दुःखी होने पर अपना Best Performance याद करें:

हमारी लाइफ में कभी कभी कुछ ऐसे पल भी आते हैं जब हम अपने आपको बिल्कुल नाकारा और हारा हुआ महसूस करने लगते हैं और तब हम चाहे कितने भी motivational वीडियो देख ले फिर भी हमारा confidence level इतना डाउन हो जाता हैं कि लगता हैं कि बस अब हमारे बस में कुछ नहीं रहा और जिंदगी में कुछ अच्छा नहीं कर पाएंगे।

तो मेरे दोस्त!! घबरा मत और छोड़ दे ऐसी बातों को और याद कर वो पल जब तुमने भी कुछ अच्छा काम किया था और सबने तुम्हारी खूब तारीफ की थी या जब तुम क्लास में सबसे फर्स्ट आये थे तो तुम्हारा उत्साह कितना गजब का बढ़ गया था।

दोस्त आपकी लाइफ में कोई न कोई ऐसा समय तो जरूर आया होगा जब अपने अपनी क्षमता से भी बढ़कर किसी बड़े काम को सफलतापूर्वक पूरा जरूर किया होगा।

तो बस अब आप सिर्फ ये सोचो कि जब मैं बचपन में इतने confidence के साथ काम कर सकता हूँ तो फिर अभी क्यों नहीं। नहीं मैं इतना गिरा हुआ और नाकारा इंसान नहीं हूँ, मैं सबसे यूनिक हूँ, मुझमे भी वो बात है जो सबमें हैं। मैं आज भी उतना ही काबिल हूँ जितना पहले था। मैं loser नहीं Winner हूँ। हां मैं Winner ही हूँ!!!

12. व्यक्तिगत विकास

अपनी किताब फ़्लो में, लेखक मिहाली सिक्सज़ेंटमिहाली 3 पहलुओं की बात करते हैं - एक लक्ष्य निर्धारित करना, ध्यान देना और काम या कौशल में डूबे रहना। वह दोहराए जाने वाले काम को ड्रैग बनने की भी बात करता है। एक व्यवसाय के मालिक के लिए अपने कौशल को लगातार चुनौती देने से जो आनंद मिल सकता है, वह एक व्यवसाय के मालिक के लिए महत्वपूर्ण है। ज्ञान की प्यास जो उन्हें अपना व्यवसाय बढ़ाने में मदद करती है, और स्वयं, कई संस्थापकों को प्रेरित करती है।

अपने काम से प्यार करें: यदि आप अपने काम से प्यार करते हैं, अगर आप इसका आनंद लेते हैं, तो आप पहले से ही एक सफलता हैं - जैक कैनफील्ड।

जो उद्यमी पैसा निकालने पर ध्यान केंद्रित करते हैं, वे सफल होते हैं। हालाँकि, यह वह यात्रा है जिसमें सबसे अधिक आनंद आता है यदि वे जो कर रहे हैं उससे प्यार करते हैं। और वह सबसे बड़ा प्रेरक है!

13. असफल भागीदारी

साझेदारी अपरिहार्य है; एक उत्पाद विशेषज्ञ बिक्री विशेषज्ञ को भागीदार के रूप में रखना पसंद करता है। साझेदारों के बीच विभिन्न कारणों से संघर्ष हो सकता है, जैसे: कौन ज्यादा मेहनत कर रहा है? उच्च बजट क्या मिलना चाहिए - उत्पाद विकास या विपणन? किस टीम के सदस्य को वृद्धि मिलती है?

व्यवसाय के लाभ को ध्यान में रखते हुए इन संघर्षों को हल करने की क्षमता ही साझेदारी और कंपनी की सफलता तय करेगी।

14. Consistency (निरंतर रूप से काम करना)

कछुआ धीरे धीरे लेकिन निरंतर रूप से चलने की वजह से ही खरगोश को हरा पता है | लम्बे समय में आपकी रफ़्तार नहीं आपकी निरंतरता ही काम आयेगी |

आदत motivation को मात दे देती है क्योंकि motivation हमेशा नहीं रहता है लेकिन आपकी आदत और आपका vision हमेशा की होती है |

कई बार आपका पढ़ने का मन नहीं होगा तो वंहा पर motivation नहीं आपकी आदत ही काम आयेगी जिसके द्वारा आप बिना सोचे अपनी पढाई शुरू कर दोगे |

मैं पहले भी बता चूका हूँ की सफलता Chinese bamboo की तरह होती है कई सालों की तक नहीं दिखती है लेकिन जब दिखेगी तो पूरी दुनिया ताली पिटेगी |

निरंतर बिना इधर उधर ताके अपने लक्ष्य पर काम करते रहो, जिससे आप self motivated bane रहोगे

15. सही वातावरण (Right Environment)

"मुझे अपने दोस्त दिखाओ, मैं आपका भविष्य बता दूंगा" |

आपका भविष्य आपके सही बातावरण और सही नेटवर्क पर निर्भर करता है | यदि आपकी दोस्तों ही ऐसे लोगों से है जिनका कोई भी लक्ष्य नहीं है उनको जीवन में कुछ भी achieve नहीं करना है

तो आपको क्या लगता है, आपके दोस्त आपको क्या राय देंगे ?

जैसे वो खुद है वैसा ही आपको भी बना देंगे | हमेशा ऐसे लोगो के साथ रहो जो आपसे ज्यादा बुद्धिमान है ताकि आप उनसे सीख सको और उनसे Motivate हो सको |

माँ-बाप, भाई-बहन ये हमें ऊपर वाला पहले से ही देता है लेकिन दोस्त हमें खुद चुनने होते है तो क्यों ना हम ये निर्णय बहुत ही समझदारी से लें | और ऐसे दोस्तों को चुने जो आपकी life में आपके Goal को पाने में help करें |

जो लोग सिगरेट या शराब पीते हैं या फिर और कोई गन्दी आदत की लत में पड़ें है यदि आप उनसे पूछो की आपने ये काम सबसे पहले कब किया था तो उनमे से ज्यादातर का जवाब होगा, दोस्तों के साथ |

आपके साथ में ज्यादा समय बिताने वाले लोग आपके जीवन पर बहुत ज्यादा प्रभाव डालते है इसलिए आपको आपका समय किसके साथ बिताना है ये चुनाव बहुत ही समझदारी से करना है |

8

एक महत्वपूर्ण व्यवसाय आइडिया कैसे खोजें

एक व्यापार विचार खोज रहे हैं? "बिजनेस आइडियाज" को गूगल करना बंद करें और आइडिया जनरेशन की प्रक्रिया में महारत हासिल करना शुरू करें।

नए विचारों के निरंतर प्रवाह को उत्पन्न करने के सर्वोत्तम तरीकों में से एक यह है कि आप जितने अलग-अलग कोणों के बारे में सोच सकते हैं, उससे संपर्क करें।

कुछ प्रेरणा चाहिए? यहां अलग-अलग कोणों की सूची दी गई है, जिसमें हर एक के लिए विशिष्ट विचार निर्माण रणनीतियां शामिल हैं, ताकि आपका रचनात्मक रस प्रवाहित हो सके!

1.अपनी खुद की खुजली को दूर करें

किसी ऐसी चीज के लिए समाधान तैयार करें जो आपको अपने जीवन में वारतव में कष्टप्रद या दर्दनाक लगती है।

2.किसी ऐसी चीज़ के लिए एक बेहतर समाधान बनाएँ जो आप प्रतिदिन करते हैं — उदा. प्रक्रिया को अधिक कुशल, कम खर्चीला या अधिक सुखद बनाएं।

आला दर्शकों के लिए समस्या का समाधान करें

3. एक विशिष्ट विषय के आसपास एक ईमेल सूची बनाएं और इसके बारे में उनकी सबसे बड़ी चुनौतियों के बारे में उनका सर्वेक्षण करें

4. आला समूहों के दर्द बिंदुओं और इच्छाओं को खोजने के लिए आला मंचों और क्वोरा और रेडिट जैसे प्लेटफार्मों पर गतिविधि का विश्लेषण करें।

अपने कॉर्पोरेट जॉब में व्यावसायिक विचारों की खोज करें

5. आप जिस कंपनी के लिए काम कर रहे हैं उसकी आंतरिक प्रक्रियाओं को देखें (मानव संसाधन, वित्त और लेखा, विपणन, प्रबंधन, बिक्री, आदि): ऐसी कौन सी प्रक्रियाएं हैं जिन्हें अधिक कुशल बनाया जा सकता है? प्रौद्योगिकी के उपयोग से उन्हें कैसे सुधारा जा सकता है?

6. अपने साथ काम करने वाले लोगों को देखें :

वे जो करते हैं उसमें बेहतर कैसे हो सकते हैं? वे जो करते हैं उससे खुश कैसे हो सकते हैं ताकि कंपनी अपने सर्वश्रेष्ठ प्रदर्शन करने वाले कर्मचारियों को रख सके?

7. कंपनी की मुख्य सेवा में सुधार की संभावना देखें ।

इसके उत्पाद या सेवा को बेहतर, सस्ता या अधिक कुशल कैसे बनाया जा सकता है? लीक से हटकर तरीकों के बारे में सोचें कि बड़ी कंपनियां गायब हैं और साथ ही व्यावसायिक विचार जो बड़ी पूंजी और संसाधनों के बजाय छोटी फुर्तीली स्टार्टअप टीमों से लाभान्वित होते हैं।

8. इसके उत्पादों और प्रक्रियाओं की हस्तांतरणीयता को देखें :

एक अलग उद्योग में इसकी प्रक्रियाओं का उपयोग कैसे किया जा सकता है? इसके उत्पादों को पूरी तरह से अलग बाजार (उदाहरण के लिए तीसरी दुनिया के देशों में एक सस्ता, अधिक बुनियादी संस्करण) के लिए कैसे सुलभ बनाया जा सकता है?

9. इसकी आपूर्ति श्रृंखला में सुधार की संभावना देखें :

इसके आपूर्तिकर्ताओं या ग्राहकों की प्रक्रियाओं को और अधिक कुशल कैसे बनाया जा सकता है?

रुझानों का विश्लेषण करें

10. सोशल मीडिया साइट्स जैसे ट्विटर, रेडिट, बज़फीड, यूट्यूब आदि पर चल रहे विषयों को देखें। फिजेट स्पिनर याद रखें? यदि आप संबंधित उत्पादों या सेवाओं का निर्माण या पुनर्विक्रय करके रुझान वाले विषयों पर तेजी से कूदने में सक्षम हैं, तो आप एक वैध व्यवसाय बना सकते हैं।

11. खुद ट्रेंड स्पॉटर बनें : पढ़ें, पढ़ें, पढ़ें। एक उद्योग चुनें और उसके बारे में सब कुछ पढ़ने में कुछ महीने लगाएं। इसे तब तक करें जब तक कि आप उस बिंदु तक न पहुंच जाएं जहां आप स्वयं आने वाले रुझानों को देख सकें और भविष्यवाणी कर सकें।

अपने जुनून का अन्वेषण करें

12. अपनी पिछली नौकरियों को देखें और विश्लेषण करें कि आपको अपनी भूमिका में क्या पसंद आया / पसंद नहीं आया । उद्योगों और व्यवसायों के प्रकार के बारे में सोचें जो आपको अपनी पसंद का अधिक करने की अनुमति देगा। उदाहरण के लिए, यदि आप अपने ग्राहक सेवा कार्य में लोगों के साथ काम करना पसंद करते हैं, तो कोचिंग या परामर्श व्यवसाय क्यों नहीं बनाते?

13. उन चीजों की सूची बनाएं जिन्हें आप करना पसंद करते हैं और मुफ्त में करेंगे । इस बारे में सोचें कि आप इन चीजों को व्यवसाय में कैसे बदल सकते हैं। उदाहरण के लिए, यदि आप स्वस्थ जीवन के बारे में भावुक हैं और अपना खाली समय व्यंजनों पर शोध करने, कसरत करने के नए तरीके खोजने और नवीनतम स्वास्थ्य प्रवृत्तियों को पढ़ने में व्यतीत करते हैं - तो अपनी विशेषज्ञता के साथ एक ब्लॉग या कोचिंग व्यवसाय क्यों नहीं शुरू करें?

अपनी ताकत पर निर्माण करें

14. अपनी पिछली नौकरियों को देखें और विश्लेषण करें कि आप वास्तव में क्या अच्छे थे। उद्योगों और व्यवसायों के प्रकारों के बारे में सोचें जो आपको अपने कौशल और ताकत का उपयोग करने की अनुमति देंगे। उदाहरण के लिए, यदि आप अपनी पिछली मार्केटिंग नौकरी में ब्लॉग पोस्ट लिखने में वास्तव में अच्छे थे, तो आप एक स्वतंत्र लेखक के रूप में व्यवसाय शुरू कर सकते हैं।

15.उन व्यवसायों और उद्योगों के बारे में सोचें जिनमें आपको अनुचित लाभ होगा. यह व्यापक उद्योग अनुभव, ज्ञान, कौशल या नेटवर्क पर आधारित हो सकता है। व्यवसाय बनाने के लिए आप इस लाभ का उपयोग कैसे कर सकते हैं?

एक आइडिया मशीन बनें

16.हर दिन एक विषय के बारे में 10 विचार लिखकर अपने दिमाग को नए विचारों के साथ आने के लिए प्रशिक्षित करें।उन्हें व्यावसायिक विचार होने की आवश्यकता नहीं है, लेकिन उन्हें केवल एक विषय से संबंधित होने की आवश्यकता है। यह आपके दिमाग को वास्तव में रचनात्मक होने के लिए मजबूर करेगा। उदाहरण के लिए: खाना पकाने को आसान बनाने के लिए 10 विचार, वजन कम करने के लिए 10 विचार, किताबें बेचने के लिए 10 विचार आदि लिखें।

17. कुछ भी पढ़ते रहे

जितना अधिक आप सभी प्रकार के क्षेत्रों में विभिन्न चीजों के बारे में पढ़ेंगे, उतने ही अधिक विचार आपके पास स्वाभाविक रूप से आएंगे। अपने ज्ञान का विस्तार करके, आप अपने व्यापारिक विचारों के दायरे का विस्तार कर रहे हैं।

किसी भिन्न उद्योग या उत्पाद के लिए एक प्रसिद्ध व्यवराय मॉडल लागू करें

18. अपने समुदाय में अवसरों की तलाश करें।

हालाँकि संस्कृतियाँ और भाषाएँ भिन्न हो सकती हैं, हमारी दुनिया के सामने आने वाली कई चुनौतियाँ दुनिया के कई हिस्सों में समान हैं। इस प्रकार, विश्व-बदलते विचारों की पहचान करने के सर्वोतम तरीकों में से एक स्थानीय रूप से शुरू करना है: उन मुद्दों की तलाश करें जो आपके स्थानीय समुदाय से संबंधित हैं। ईमेल के माध्यम से स्थानीय स्तर पर अवसरों की तलाश कैसे करें, इस बारे में एक विशेषज्ञ दृष्टिकोण प्राप्त करने के लिए, मैंने जेफ्री लेस्ली, सीईओ और स्क्रीम्स के अध्यक्ष से संपर्क किया। यह नीदरलैंड स्थित कंपनी एमएपीएस (मेजर एप्लायंस पावर स्टेशन) का उपयोग करके स्थानीय और वैश्विक स्तर पर परिवर्तनों को प्रभावित करने के लिए तैयार है , जो एक स्वच्छ ऊर्जा पैदा करने वाला उपकरण है जिसे घर या व्यवसाय में स्थापित किया जा सकता है। यह एक ऐसा उपकरण है जो इसके द्वारा प्रदान की जाने वाली सस्ती, आत्मनिर्भर बिजली के माध्यम से दुनिया भर के समुदायों को बदल सकता है।

"इतने सारे बेहतरीन विचार हमारी अपनी व्यक्तिगत टिप्पणियों से आते हैं," लेस्ली ने मुझे स्थानीय रूप से देखने के बारे में मेरे विचार को प्रतिध्वनित करते हुए लिखा। "लेकिन इन अंतर्दृष्टि प्राप्त करने के लिए, आपको समुदाय में बाहर निकलना होगा।"

उन्होंने उन मुद्दों के बारे में अधिक जानने के लिए एक स्वयंसेवी समूह में शामिल होने का सुझाव दिया, जिन्हें वह संबोधित करने का प्रयास कर रहा है, और समाचार लेख पढ़ रहा है जो आपके शहर में समस्याओं पर चर्चा करता है। लेस्ली ने कहा, "ये सूक्ष्म स्तर की बातचीत एक समस्या को खोजने में सभी अंतर ला सकती है जिसे आप संबोधित कर सकते हैं।"

पूरी दुनिया को एक बार में बदलने की कोशिश करने के बजाय, आप उन विचारों की पहचान कर सकते हैं जिन्हें पहले आपके स्थानीय समुदाय में परीक्षण किया जा सकता है। जब आप अपने विचार को बहुत बड़े स्तर पर ले जाने के लिए तैयार होते हैं तो यह आपके प्रयासों को बेहतर बनाने और आपके प्रभाव को मापने का एक शानदार तरीका हो सकता है।

19. अपने स्वयं के व्यक्तिगत अनुभवों का लाभ उठाएं।

दुनिया को बदलने वाले कई सबसे शक्तिशाली विचार उन अनुभवों और चुनौतियों से आते हैं जिनका एक उद्यमी ने अपने जीवन में सामना किया है। उन समस्याओं पर विचार करने के लिए कुछ समय निकालें जिनसे आप वर्तमान में निपट रहे हैं। ये समस्याएं आपके वर्तमान व्यावसायिक प्रयासों, आपके व्यक्तिगत जीवन या आपके घर को प्रभावित कर सकती हैं।

संभावना है, आप इन मुद्दों का सामना करने वाले अकेले व्यक्ति नहीं हैं।

आपके लिए आपकी समस्या को हल करने के लिए किसी और की प्रतीक्षा करने के बजाय, एक व्यावसायिक विचार विकसित करके दुनिया को बदलने के लिए कदम उठाएं जो आपके सामने आने वाले मुद्दों को सीधे संबोधित करता है। इससे भी महत्वपूर्ण बात यह है कि यह समझें कि जब आप अपनी समस्याओं का समाधान कर रहे होते हैं, तो संभव है कि आप सबसे अच्छा संभव समाधान तैयार करने और उपलब्ध कराने के बारे में भावुक हों।

लेस्ली के मामले में, उदाहरण के लिए, इसका मतलब नीदरलैंड में अपने घर को देखना और जीवाश्म ईंधन पर भारी निर्भरता देखना था। यह, जलवायु परिवर्तन पर बढ़ती चिंता के साथ मिलकर, उनके समाधान को न केवल उनकी कंपनी के लिए एक महत्वपूर्ण उन्नति के रूप में, बल्कि ऊर्जा उत्पादन को लोकतांत्रित करने की क्षमता के साथ बड़े पैमाने पर दुनिया के लिए आंका गया।

20. ऐसे विचारों की तलाश करें जो अन्य लोगों को शामिल करें।

दुनिया को बदलने वाले सबसे सफल विचारों में से कई सिर्फ एक नया उत्पाद या सेवा प्रदान नहीं करते हैं। वे लोगों के दैनिक जीवन जीने के तरीके को बदलना चाहते हैं। किसी के मानसिक दृष्टिकोण को बदलने से लंबे समय में कहीं अधिक पहुंच और प्रभाव पड़ेगा।

व्यापार सलाहकार मोनिका बोर्गो द्वारा साझा किए गए इस उदाहरण को लें। जैसा कि उसने हफ पोस्ट में लिखा है , "[लेखक और TEDx वक्ता] जॉन-पॉल फ्लिंटॉफ पर्यावरण की रक्षा करने और ग्लोबल वार्मिंग को रोकने में मदद करने के लिए काम करते हैं। उन्होंने महसूस किया कि वे अपने पड़ोसियों तक पहुंचकर तत्काल अंतर ला सकते हैं। हालांकि, उन्होंने ऐसा नहीं किया। उन्हें तथ्यों और शोधों से अधिभारित करके, लेकिन उन्हें... टमाटर के पौधे देकर।

हर साल, फ्लिंटॉफ अपने पड़ोसियों को अपने अतिरिक्त टमाटर के पौधे प्रदान करता है, बुर्जो ने लिखा, "इस सरल और दयालु कार्य ने अपने पड़ोसियों को अपना कुछ भोजन उगाना शुरू कर दिया, जिससे उनका पर्यावरणीय प्रभाव थोड़ा कम हो गया।"

परिणाम: जैसे-जैसे ग्राहक और समुदाय के सदस्य व्यक्तिगत रूप से जुड़ते जाते हैं, वैसे-वैसे आप स्वयं की तुलना में बहुत बड़ा अंतर लाते हैं।

21. दूसरों से पूछने के लिए अपने रास्ते से हट जाएं कि आप कैसे मदद कर सकते हैं।

अपने दम पर विचारों के साथ आना हमेशा आसान नहीं होता है। यही कारण है कि विचार- मंथन लगातार इतना शक्तिशाली उपकरण पाया गया है। आप दुनिया को बदलने वाले विचार के साथ आने के लिए संघर्ष कर सकते हैं। लेकिन आपके आस-पास बहुत सारे लोग हो सकते हैं जिनके पास महान अंतर्दृष्टि है जो आपको सही दिशा में ले जा सकती है।

"विचारों को खोजने के लिए कई अलग-अलग समूहों से परामर्श करने से न डरें।"

उदाहरण के लिए, आप विशिष्ट चुनौतियों के बारे में परिवार और मित्रों से पूछ सकते हैं। आप समान विचारधारा वाले सहकर्मियों से परामर्श कर सकते हैं जो प्रभाव डालना चाहते हैं। आप अपने स्वयं के समुदाय में फ़ोकस समूहों का संचालन भी कर सकते हैं।

सफल व्यवसाय निर्वात में काम नहीं करते हैं, खासकर यदि वे दुनिया को बदलना चाहते हैं। जैसा कि आप दूसरों के इनपुट का लाभ उठाते हैं, आप उन संभावित मुद्दों के बारे में अधिक विचार उत्पन्न करेंगे जिन्हें आप संबोधित कर सकते हैं - और यहां तक कि कुछ संभावनाएं भी हैं कि आपका व्यवसाय इन समस्याओं को कैसे हल कर सकता है।

22. सार्थक परोपकारी कार्यों के माध्यम से वापस दें।

जरूरी नहीं कि आपका शुरुआती बिजनेस आइडिया अपने आप में दुनिया को बदलने वाला हो। लेकिन जब आप इसे ठीक से संरेखित परोपकारी प्रयास के साथ जोड़ते हैं, तो आप अच्छे के लिए एक सच्ची ताकत बन सकते हैं।

मैंने पहले हबीर सियान को प्रोफाइल किया है, जिन्होंने अपनी चश्मों की कंपनी को एक पारंपरिक व्यवसाय से कुछ अधिक में बदल दिया क्योंकि उन्होंने गरीब देशों में चश्मा दान किया और स्थायी नेत्र क्लीनिक स्थापित किए। सियान ने इन परोपकारी अवधारणाओं को ध्यान में रखते हुए अपना व्यवसाय शुरू नहीं किया। लेकिन, अपने उद्योग से संबंधित वास्तविक मुद्दों की पहचान करके, वह इन परोपकारी प्रयासों को अपनी कंपनी की पहचान का एक प्रमुख हिस्सा बनाने में सक्षम थे। चश्मे की एक जोड़ी अपने आप में दुनिया को

नहीं बदल सकती है। लेकिन इस परोपकारी आउटरीच के साथ आईवियर को पेयर करना निश्चित रूप से हो सकता है।

चाहे आप गरीब लोगों के रहने की स्थिति में सुधार करने की कोशिश कर रहे हों या अपने उद्योग में क्रांति लाने की कोशिश कर रहे हों, अपने काम में एक बड़ा उद्देश्य खोजने से आपके उद्यमशीलता के प्रयासों में बहुत अंतर आ सकता है।

एक सार्थक अंतर बनाना उतना दूर नहीं है जितना आप सोच सकते हैं।

23.प्रेरणा की सही मात्रा

यह जरूरी नहीं है कि आपका व्यावसायिक विचार कुछ ऐसा करने पर आधारित हो जिसे आप पसंद करते हैं - हालांकि यह मदद करता है - लेकिन यह किसी ऐसी चीज पर आधारित होना चाहिए जिसे आप आगे बढ़ाने के लिए प्रेरित हों। चाहे आप किसी ऐसे कारण या समुदाय की सेवा करने के लिए काम कर रहे हों जो आपके लिए महत्वपूर्ण है, एक कौशल सेट का सम्मान करना, या दूसरों को ऐसा करने में मदद करना, "प्रेरणा चुनौतीपूर्ण समय के दौरान आपको

प्रेरित रखने में मदद कर सकती है। "

अपने व्यावसायिक व्यावसायिक परीक्षण करना क्यों महत्वपूर्ण है?

किसी व्यावसायिक विचार की सफलता के लिए उसका परीक्षण महत्वपूर्ण है। यदि आप किसी अवधारणा की सफलता के बारे में अंधी धारणा बनाते हैं, तो आप इसका रोलआउट पर बहुत सारा पैसा, समय और अन्य संसाधन बर्बाद करने का जोखिम लेते हैं। व्यवसाय अक्सर अपने उत्पादों को लॉन्च करने की हड़बड़ी में इस चरण को जारी रखते हैं। वे अपने बाज़ार परीक्षण और अनुसंधान के आधार पर कंपनी की योजना या व्यवसाय मॉडल विकसित नहीं करते हैं और इसके बजाय अपने हाथों में बिना किसी व्यावसायिक यात्रा के जारी रखते हैं। इसके अतिरिक्त, वे अपने लक्षित दर्शकों को ठीक से परिभाषित करने में असमर्थ हैं। जब तक आप इसका परीक्षण नहीं करेंगे तब तक आप कभी नहीं जान पाएंगे कि आपके विचार को प्रामाणिक संकल्प।जब तक आपके पास यह जानकारी नहीं होगी, आपका मार्केटिंग प्रयास बहरेपन पर पड़ सकता है, और आपकी व्यावसायिक क्षमता अप्रभावित रह सकती है।

9

आपके व्यवसाय का परीक्षण करने के लिए 8 कदम

आपके व्यावसायिक विचार को मान्य करने और इसके गलत निष्पादन को सुनिश्चित करने के लिए यहां 8 चरण दिए गए हैं।

1. ग़लती की जाँच करें

सबसे पहले, आपको अपने विचार के प्रत्येक घटक की अच्छी तरह से जांच करनी चाहिए। आपके विचार को प्रक्रिया में गहराई तक जाने और एक रणनीति तैयार करने में आपकी सहायता की आवश्यकता है। आपकी व्यवसाय योजना के सफल क्रियान्वयन में जल्द से जल्द पहचान और समाधान करने में मदद मिलेगी।

यह पता लगाना हमेशा उपयोगी होता है कि आपका व्यवसाय खाता है या नहीं और आपके व्यवसाय को बनाए रखने और विकसित करने के लिए काफी ग्राहक हैं। इसे पूरा करने के लिए आपको खुद से ये सवाल चौड़ा करना चाहिए-

आप किन ग्राहकों की सेवा करते हैं?

लाभ कमाने के लिए आपको ग्राहकों की आवश्यकता है?

कौन से बाज़ार में पर्याप्त ग्राहक हैं?

बाज़ार कितना विशद है?

आप किन लोगों को हल करने की कोशिश कर रहे हैं?

आपके उत्पादों को कैसे हल करता है?

2. अपने प्रतिस्पर्धियों का अध्ययन करें

एक बार जब आप यह सुनिश्चित कर लेते हैं कि आपकी व्यावसायिक सोच है, तो अगले तो तार्किक कदम अपने प्रतिस्पर्धियों को खोज लेता है। अपना लॉन्च करने से पहले समान

जुड़ाव का बाज़ार विश्लेषण करें। अन्य प्राधिकरण की जांच करके, आप यह निर्धारित कर सकते हैं कि पहले क्या काम कर चुका है और क्या नहीं। एक बुद्धिमान व्यवसाय स्वामी उन लोगों से ज्ञान प्राप्त करता है जिन्होंने पहले समान विचार का प्रयास किया है। खराब योजना के परिणामस्वरूप होने वाले वित्तीय नुकसान से बचते हुए आप मूल्यांक आय प्राप्त करते हैं।

प्रतिस्पर्धियों का विश्लेषण करने से आपको यह परिभाषा करने में भी मदद मिलेगी कि आपके प्रस्ताव को क्या खास बनाता है। एक ठोस ग्राहक आधार बनाने के लिए, आपको कनेक्शन की कल्पना करनी होगी कि आपका व्यवसाय अनोखा क्यों है। इसमें एक नए उत्पाद के साथ बाज़ार को अप्रचलित करने से लेकर वास्तव में अद्वितीय सेवा अनुभव प्रदान करने तक कुछ भी शामिल हो सकते हैं।

3. एक प्रोटोटाइप

एक पेशेवर विचार का परीक्षण करने के लिए सबसे प्रभावी तकनीक एक वीडियो बनाना और निष्पक्ष और वास्तविक प्रतिक्रिया प्राप्त करने के लिए इसे विभिन्न व्यक्तियों को दिखाना है। इसके अलावा, आपको एक न्यूनतम प्रमाणन या MVP बनाना चाहिए। एक एमवीपी मूल रूप से आपके विचार का सबसे सरल रूप है जिसे एक उत्पाद के रूप में दिखाया जा सकता है। यह रणनीति आपके व्यावसायिक विचारों की व्यावहारिकता को शामिल करती है और आपके उत्पाद या सेवा की पेशकश में किसी भी दोष की पहचान करने के लिए अत्यधिक प्रभावशाली है।

4. अपने लक्षित ग्राहकों पर परीक्षण करें

जब आपका प्रारंभिक प्रारूप बन जाता है, तो आप इसे लक्षित ग्राहकों को प्रस्तुत कर सकते हैं। लोगों के एक छोटे समूह पर आपके विचार का परिचय देने से पता चलता है कि ग्राहक आपकी पेशकश में रुचि रखते हैं या नहीं। यदि छोटे बाजार परीक्षण सफल होते हैं, तो एक अच्छा मौका है कि आपके विचार व्यापक दर्शकों द्वारा अच्छी तरह प्राप्त होंगे।

ग्राहकों के साथ आपके व्यवसायिक विचार के लिए यहां कुछ तरीके दिए गए हैं-

जुड़ा समूह बनाता है : कनेक्शन ग्रुप का एक छोटा समूह होता है जो आपके उत्पादों को संबद्धता और प्रतिक्रिया प्रदान करता है। इससे पहले कि आप सब कुछ करें, प्रकटीकरण, सर्वेक्षण और साक्षात्कार का उपयोग करके पता करें कि ग्राहक आपके व्यवसाय के बारे में क्या सोचते हैं।

सोशल मीडिया समूह: आपका लक्षित बाज़ार आपके लिंक्स पर, इंटरनेट के लिए धन्यवाद। ऐसे ऑनलाइन समूह में आपके उत्पाद या सेवा में रुचि हो सकती है। पता करें कि उनके सामान्य प्रभाव क्या हैं और वे क्या मानते हैं कि आपको कुछ अलग करना चाहिए।

क्राउडफंडिंग पेज बनाएं: क्राउडफंडिंग प्लेटफॉर्म सिर्फ जुड़ने से ज्यादा प्रदान करते हैं। आप अन्य लोगों से रचनात्मक प्रतिक्रियाएँ, समीक्षा और सुझाव भी प्राप्त कर सकते हैं जो आपकी रुचियों को साझा करते हैं।

5. फिक्र के आधार पर सुधार करें

अपने ग्राहकों के लक्षित के एक सबसे पहले अपने उत्पादों या सेवाओं का परीक्षण करने के बाद, आपको उनसे बहुत सी उपयोगी प्रतिक्रियाएँ मिलेंगी। इस तरह के रूपरेखा परीक्षण प्रक्रिया को आगे संशोधन करने और कमजोर विकल्पों में सुधार करने के चरण के लिए मार्गदर्शन करते हैं। आपको अपनी पेशकश की प्रभाव, गुणवत्ता, सुविधा आदि के लिए आलोचना का सामना करना पड़ सकता है। इसे सटीक रूप से लेना और पहचान की गई पूर्व-आवश्यक समाधान अत्यंत महत्वपूर्ण है। इस चरण को पूरा करने के बाद, आपके पास अपनी पेशकश का सबसे अच्छा संस्करण होगा।

6. अपनी पूंजी की आवश्यकताओं का मूल्यांकन करें

अब जब आपने अपने उत्पादों या सेवाओं को अनुकूलित किया है, तो आप उस चरण पर हैं जहां आपको अपनी पूंजी की आवश्यकताओं का मूल्यांकन करने और धन की व्यवस्था करने की रणनीति तैयार करने की आवश्यकता है।

व्यावसायिक पूंजी से विभिन्न फाइलें बनाई जा सकती हैं। कई व्यवसाय आपके छोटे व्यवसाय की तरह की लागतों को व्यक्तिगत निधियों से वित्तपोषित करते हैं, जैसे बचत खाता। अन्य मित्रों और परिवार की सहायता चाहते हैं। बैंक और निजी ऋणदाता दोनों ही छोटी कंपनी के समान पैकेज प्रदान करते हैं।

यदि आपने अभी तक खुद को किसी व्यवसाय के आकर्षण के रूप में साबित नहीं किया है, तो पर्यावरण को सुरक्षित करना जोखिम हो सकता है। चिपचिपा को यह समझने के लिए कि आपकी धारणा सामान्य है, एक मामूली व्यवसाय योजना लिखें, जिसमें यह बताया गया है कि आप पैसे कैसे खर्च करना चाहते हैं और आप कितने लाभ की उम्मीद करते हैं।

7. मार्केटिंग योजना बनाएं

एक बार जब आपकी योजना ठोस हो जाती है और पर्याप्त धन द्वारा समर्थित हो जाती है, तो आप अपने व्यवसाय को आम जनता से परिचित कराने के लिए एक रणनीति बनाना शुरू कर सकते हैं। उत्पादों के लिए एक प्रतिबद्धता लैंडिंग पृष्ठ के साथ एक सामान्य वेबसाइट बनाना और सोशल मीडिया का उपयोग जानकारी प्राप्त करना और आप जो पेशकश कर रहे हैं उसमें रुचि रखने वाले लोगों की संख्या को ट्रैक करने के लिए उत्कृष्ट रणनीतियां हैं। आखिरकार, आप अधिक मार्केटिंग तकनीकों जैसे इन्फ्लुएंसर मार्केटिंग, ईमेल मार्केटिंग, एक ही विज्ञापन आदि को शामिल कर सकते हैं।

8. अभ्यास करते रहें

एक व्यावहारिक दृष्टिकोण विकसित करने से आप गलतियाँ करते हैं और विभिन्न विचारों को एक श्रृंखला के साथ अधिक ग्रहणशील हो जाते हैं। आपका व्यवसाय मॉडल अधिक विचार के निष्पादन की जगह अधिक जुड़ते हुए भुगतान बनाते हैं। इस स्थिति में, भाग्य को एक सफलता के रूप में देखा जाता है क्योंकि यह आपको बेहतर तरीके से समझ में आता है कि आज के समय में कुछ लोग देखते हैं कि क्या काम करता है और क्या नहीं।

डिजाइनिंग थिंकिंग टेम्पलेट नए विचार या उत्पादों को बनाने से जुड़ी संज्ञानात्मकता, रणनीतिक और व्यावहारिक प्रक्रिया है। यह आपको स्थत को फिर से परिभाषित करने और अधिक नए समाधान विकसित करने में सक्षम बनाता है। दूसरे शब्दों में, यह अन्य क्रांतिकारियों और सफलताओं का मार्ग प्रशस्त करता है।

अपने व्यवसाय में इस रणनीति को लागू करने के लिए, आपको निम्नलिखित पांच चरणों पर टिके रहने की आवश्यकता है:

सहानुभूति और ग्राहकों की आवश्यकताओं को प्राप्त करें)

परिभाषा (अपने ग्राहकों के मुद्दों और दर्शनीय स्थलों की व्याख्या करें)

विचार (उनकी परिस्थितियों के समाधान पर मंथन)

प्रोटोटाइप

परीक्षण (सम्बंधित)

9.बीटा टेस्टिंग या मार्किट फिट टेस्ट

अभी तक हमने स्टार्टअप के कई खास पहलुओं पर चर्चा की है, इसी सीरिज में आता है, आपके प्रोडक्ट को मार्किट में लॉन्च करने से पहले, उसे कुछ खास लोगों को या सेट ऑफ़ कस्टमर्स को देना, और उनसे उनका फीडबैक जानना, कि क्या अच्छा है, क्या अच्छा हो सकता है, क्या ठीक नहीं काम कर रहा और आपका कस्टमर आपके प्रोडक्ट को कैसे देखता है.

10.बीटा टेस्टिंग क्यों जरूरी है

Half Cooked Food परोस कर आप कभी भी किसी का पेट नहीं भर सकते, बल्कि उनके और अपने लिए मुश्किलें जरुर पैदा लेंगे. आपके प्रोडक्ट को कैसे बेहतर बनायें, इसका सही जवाब केवल आपके कस्टमर के पास ही होता है, बहुत बार मैंने देखा लोग बिना किसी प्रॉपर रिसर्च और टेस्टिंग के अपना प्रोडक्ट मार्किट में उतार देते हैं, नतीजन बहुत सारे नेगेटिव कॉमेंट्स मिलते हैं, अपका शुरुआती कस्टमर ही आपसे नाराज़ हो जाता है, "फर्स्ट इम्प्रैशन इज लास्ट इम्प्रैशन" क्या ध्यान रखें. इसीलिए पहले इम्प्रैशन को बेहतर बनाने के लिए जरूरी है कि, आपका प्रोडक्ट जो भी हो, टेक आधारित हो, ऐप हो, या कुछ और, उसे मार्किट में उतारने से पहले, उसकी बीटा टेस्टिंग या मार्किट टेस्टिंग जरुर करें, ये आपके प्रोडक्ट को ना सिर्फ बेहतर बनाने के काम आएगा, बल्कि शुरुआती नेगेटिव इमेज से भी बचाएगा.

11.बीटा टेस्टिंग कैसे करें

ध्यान दें, मेकर्स और चेकर्स कभी भी एक नहीं हो सकते हैं. तो बीटा टेस्टिंग के कई सारे तरीके हो सकते हैं, सबसे पहले तो आपको ये जानना जरूरी है कि आपका जो भी प्रोडक्ट है उसका एंड यूजर कौन है, उसके एक्सपर्ट्स कौन हैं, कौन लोग हैं जो आपके प्रोडक्ट को आये दिन इस्तेमाल करते हैं या उसके बारे में बेहतर समझ रखते हैं, जैसे अगर आप कुछ एजुकेशन या स्टूडेंट्स सम्बंधित बना रहे हैं तो ना केवल स्टूडेंट्स बल्कि टीचर्स, कोचिंग

एक्सपर्ट्स, पेरेंट्स, स्कूल प्रिंसिपल्स सभी आपको बहुत कुछ ऐसा बता सकते हैं जो आपके प्रोडक्ट को बेहतर बनाने में काम आ सकता है. हां, यहां मार्किट में उपलब्ध सिमिलर प्रोडक्ट के नेगेटिव रिव्यूज भी आपके बहुत काम सकते हैं, और यही बात बीटा टेस्टिंग को बहुत अहम बना देती है।

12. बीटा टेस्टर्स से जुड़ें

मार्किट में आपको बहुत से ऐसे एक्सपर्ट्स मिल जायेंगे जो बीटा टेस्टिंग का ही काम करते हैं, इन्हें इसकी बेहतर समझ होती है, ये आपके प्रोडक्ट/ऐप को हर तरह से चेक करते हैं और आपको जरुरी सुझाव दे सकते हैं.

13. शुरुआती कस्टमर्स चुनें

आप मार्किट आपने आस पास दोस्त, रिलेटिव, कलीग्स, मार्किट से सुर्वे से कुछ कस्टमर चुन सकते हैं, और उन्हें शुरुआती प्रोडक्ट दे सकते हैं, उनके कुछ समय इस्तेमाल करने के बाद आप उनसे उनका फीडबैक ले सकते हैं. यहां ध्यान देने वाली बात ये है कि आपके पास खुद ऐसी लिस्ट होनी चाहिए जो आपके प्रोडक्ट के हर स्टेज पर फीडबैक ले सके.

14. कस्टमर्स/बीटा टेस्टर्स को रिवॉर्ड दें

बहुत सिंपल है, कोई भी आपको अपना समय क्यों देगा, बीटा टेस्टिंग में बहुत सी कंपनियां कुछ न कुछ रिवाइर्स रखती हैं, जिससे लोग उनके प्रोडक्ट को इस्तेमाल करें और अपना फीडबैक दें. बीटा टेस्टिंग में जाने से पहले एक लिस्ट जरुर तैयार कर लें जिसपर आप फीडबैक चाहते हैं, ये लिस्ट आप टेस्टर्स से खुद भरवा सकते हैं या कॉल या मीटिंग के माध्यम से उनसे सवाल पूछ सकते हैं.

15. फीडबैक पर काम करें

आपके बीटा टेस्टिंग के बाद जो भी फीडबैक आता है, उसे बहुत सीरियस तरीके से लें, ध्यान दें, कस्टमर का दिया हुआ हर फीडबैक आपके प्रोडक्ट को बेहतर बनाने की गुंजाईश रखता है. कई बार हम जल्दीबाज़ी में इन बातों को इग्नोर करके प्रोडक्ट को मार्किट में उतार देते हैं लेकिन वो आपकी कम्पनी को नुकसान ही पहुचायेगा. फीडबैक को अपने प्रोडक्ट में फिट करने में अगर थोडा समय भी लगता है तो परेशान ना हों, इंतज़ार कर लें, जैसे की, ऊपर कहा गया है कि आधा पका भोजन पेट तो भरेगा नहीं, बल्कि पेट खराब जरूर कर देगा.

10

उत्पाद विकास (Product Development) क्या होता है ?

उत्पाद विकास' उत्पाद विचार को वास्तविक उत्पाद में परिवर्तित करने की प्रक्रिया है । इस प्रक्रिया का उद्देश्य यह निर्धारित करना होता है कि पतनोन्मुखी उत्पादों का संशोधन किया जाना है अथवा विलोपन तथा नव-उत्पाद विकास की आवश्यकता है तो उसकी तकनीकी एवं वाणिज्यीकरण की सम्भावनाओं का निर्धारण । इस आधार पर इसे उत्पाद नियोजन से पृथक नहीं देखा जा सकता ।साधारण शब्दों में उत्पाद विकास से आशय उस प्रक्रिया से है जिसके द्वारा यह ज्ञात किया जाता है कि उत्पाद विचार को तकनीकी तथा वाणिज्यीकरण के आधार पर विकसित किया जा सकता है अथवा नहीं । इसके द्वारा उत्पादन के व्यवहारिक पक्ष को स्पष्ट किया जाता है । विभिन्न विद्धानों ने उत्पाद विकास को परिभाषित किया है -

नव-उत्पाद विकास प्रक्रिया अथवा व्यूहरचना

नव उत्पाद विकास की प्रक्रिया सदैव उत्पाद विचार से प्रारम्भ होती है और उत्पाद वाणिज्यीकरण पर समाप्त होती है । जब कोई व्यावसायिक संस्था नये उत्पाद का विकास चाहती है तो उसे निश्चित प्रक्रिया का अनुसरण करना होता है । इनका विवेचन इन प्रकार है
-

[1] उत्पाद विचार की उत्पत्ति (Product Idea Generation) :-
नव-उत्पाद विकास की प्रक्रिया का प्रारम्भ उत्पाद विचार की खोज एवं उत्पत्ति से होता है । यह नये उत्पाद विचारों की व्यवस्थित खोज से सम्बन्धित है । उत्पाद विचारों का सृजन

सदैव पहचानी गई आवश्यकताओं के सन्दर्भ में होता है । अर्थात जब किसी आवश्यकता सन्तुष्टि हेतु तकनीकी अवसर का पता चलता है तब नये उत्पाद विचारों की उत्पत्ति होती है । जैसे - त्वरित विश्लेषण की आवश्यकता की सन्तुष्टि हेतु कम्प्यूटर का विकास । नये उत्पाद के कई स्त्रोत होते हैं, जैसे - उपभोक्ता, कम्पनी के विक्रयकर्ता, विपणन कर्मचारी एवं प्रबन्धक, प्रतिस्पर्धी, तकनीकी विशेषज्ञ इत्यादि ।

उत्पाद विचार की उत्पत्ति सम्बन्धी प्रक्रिया को क्रियान्वित करते समय ध्यान रखा जाना चाहिए कि ऐसी प्रक्रिया तकनीकी ज्ञान, विपणन की संभावनाओं, लाभदेयता, विक्रय सम्भावनाओं, विद्यमान सुविधाओं तथा अन्य साधनों की उपलब्धता, वित्त, उपभोक्ता आवश्यकताओं, सरकारी नीतियों के सन्दर्भ में लागू की गई है ।

2] उत्पाद विचारों का मुल्यांकन (Screening of Product Idea) :-

उत्पाद विचारों की उत्पत्ति का उद्देश्य अनेक उत्पाद विचारों के सृजन से है जबकि इस चरण का उद्देश्य उन विचारों की स्वीकृति हेतु उनमें कमी करना है । इस चरण में व्यर्थ एवं अव्यवहारिक उत्पाद विचारों को हटाकर केवल कार्य योग्य उत्पाद विचारों को स्वीकार किया जाता है । इस दृष्टि से इस चरण में उत्पाद विचारों को संस्था के उद्देश्यों, तकनीकी क्षमताओं एवं विपणन सम्भावनाओं के सन्दर्भ में परखा जाता है ताकि लाभप्रद विचारों का ज्ञान हो सके

उत्पाद विचारों का मुल्यांकन अत्यन्त महत्वपूर्ण है, क्योंकि अच्छे विचारों को अस्वीकृत करने से जहाँ विपणन अवसर का लाभ नहीं मिलता जबकि व्यवहारिक विचारों की स्वीकृति साधनों के अपव्यय करना है ।

[3] अवधारणा का विकास एवं जाँच (Concept Development and Testing) :-

आकर्षक उत्पाद विचारों को 'उत्पाद अवधारणा' में विकसित किया जाना चाहिए । 'उत्पाद अवधारणा' उत्पाद विचार का विस्तृत विवरण होता है जिसे उपभोक्ता की दृष्टि से सार्थक रूप में प्रस्तुत किया जाता है । फ़ास्ट फूड, टाइम एण्ड स्पेस ओनरशिप, ई-कॉमर्स, इत्यादि उत्पाद अवधारणा के उदाहरण हैं ।

उत्पाद अवधारणा का विकास नये उत्पाद के विकास का आधार बनता है । उत्पाद अवधारणा का परीक्षण करके ज्ञात किया जा सकता है कि ऐसे उत्पाद के विषय में उपभोक्ताओं की प्रतिक्रिया क्या होगी । उत्पाद अवधारणा की जाँच से सम्भावित ग्राहक, उपभोग का उद्देश्य, उपभोग की बारम्बारता इत्यादि प्रश्नों का उत्तर खोजा जा सकता है ।

[4] विपणन व्यूहरचना का विकास (Marketing Strategy Development) :-

नव-उत्पाद विकास में अगला कदम उत्पाद अवधारणा हेतु सम्भावित विपणन व्यूहरचना का विकास करना होता है । इसमें तीन बातों का समावेश होता है -

(i) प्रथम भाग लक्ष्य बाजार (Target Market) का वर्णन करता है । साथ ही उत्पाद का नियोजित स्थापन, विक्रय, बाजार अंश एवं कुछ वर्षों के लिए लक्ष्यों का निर्धारण करता है ।

(ii) विपणन व्यूहरचना का दूसरा भाग उत्पाद की नियोजित कीमत, वितरण तथा विपणन बजट का वर्णन करता है, तथा

(iii) तीसरा और अन्तिम दीर्घकालीन विक्रय, लाभ लक्ष्य तथा विपणन सम्मिश्र व्यूहरचना का विवेचन करता है ।

इस प्रकार व्यूहरचना विकास विपणन योजना का ब्लू प्रिन्ट होता है ।

5] व्यावसायिक विश्लेषण (Business Analysis) :-

एक बार जब प्रबन्ध उत्पाद अवधारणा एवं विपणन व्यूहरचना को स्वीकार कर लेता है, तब उत्पाद प्रस्ताव की व्यावसायिक आकर्षकता का मुल्यांकन कर सकता है । इसे व्यावसायिक विश्लेषण कहते है । इस चरण का मुख्य उद्देश्य प्रस्तावित उत्पाद की व्यावसायिक लाभदेयता का मूल्यांकन करना होता है । व्यावसायिक विश्लेषण में विक्रय, लागत तथा लाभ की सम्भावनाओं का विश्लेषण सम्मिलित होता है जिससे यह ज्ञात किया जा सके कि क्या नया उत्पाद कम्पनी के उद्देश्यों को सन्तुष्ट करता है अथवा नहीं । यदि करता है तो उत्पाद 'उत्पाद विकास अवस्था' में ले जाया जा सकता है ।

नये उत्पाद के विक्रय का अनुमान करने के लिए कम्पनी को समान उत्पादों की पूर्व विक्रय का अवलोकन करना चाहिए । फर्म को अधिकतम एवं न्यूनतम विक्रय अनुमान लगाना चाहिए ताकि जोखिम की सीमा का अनुमान किया जा सके ।

[6] उत्पाद विकास (Product Development) :-

यदि उत्पाद अवधारणा व्यावसायिक विश्लेषण में खरी उतरती है तो वह अगले चरण 'उत्पाद विकास' में जा सकती है । इस अवस्था में उत्पाद अवधारणा को वास्तविक उत्पाद में बदला जाता है । यहाँ अनुसन्धान एवं विकास अथवा इंजीनियरिंग उत्पाद अवधारणा को भौतिक स्वरूप प्रदान करता है । इससे पूर्व उत्पाद शब्द विवरण, ड्राईंग और कल्पना रूप में होता है, जबकि इस स्थिति में उसका नमूना (Model) तैयार किया जाता है । इसमें काफी समय लग जाता है । मार्गदर्शी नमूने में सभी गुण एवं व्यवहारिक लक्षणों का समावेश होना आवश्यक है । जब नमूना उत्पाद तैयार हो जाते हैं तो इनका प्रसयोगशाला में परीक्षण किया जाता है ताकि यह देखा जा सके कि इनका वास्तविक उपभोग कुशल एवं सुरक्षित होगा या नहीं ।

[7] बाजार परीक्षण (Test Marketing) :-

यदि उत्पाद क्रियात्मक परीक्षण, उपभोक्ता परीक्षण तथा अन्य प्रयोगशाला परीक्षणों में खरा उतरता है तो अगला चरण बाजार परीक्षण होता है । यह वह अवस्था है जबकि उत्पाद तथा विपणन कार्यक्रम वास्तविक बाजार स्थितियों में प्रस्तुत किया जाता है । बाजार परीक्षण, विपणनकर्ता को यह अवसर प्रदान करता है कि वह सम्भावित विपणन समस्याओं को जान सके तथा पूर्ण व्यवसायीकरण की लागत से पूर्व सारी सम्भावित सूचनायें प्राप्त

कर लें ।

उपभोक्ता उत्पादों के बाजार परीक्षण के समय निम्नांकित तीन विधियों में से किसी का चयन किया जाता है -

a) मानक परीक्षण बाजार (Standard Test Markets) -

इनके द्वारा नये उपभोक्ता उत्पादों का परीक्षण पूर्ण व्यवसायीकरण स्थितियों के सादृश्य स्थिति में किया जाता है । इस परीक्षण में कम्पनी कुछ चुनिन्दा प्रतिनिधि शहरों का चयन करती है जहाँ कम्पनी की विक्रय शक्ति विक्रेताओं को कम्पनी के उत्पादों को रखने एवं बेचने के लिए प्रेरित करते हैं । इससे बाजार में उत्पाद के प्रति उपभोक्ताओं की प्रतिक्रिया का ज्ञान जो जाता है ।

(b) नियन्त्रित परीक्षण बाजार (Controlled Test Markets) -

अनेक अनुसन्धान फर्में नियन्त्रित स्टोर्स, जो कि नये उत्पादों में व्यवहार करने की स्वीकृति देते हैं, का पैनल रखती है । कम्पनी अपने नये उत्पाद के लिए स्टोर्स की संख्या तय करती है तथा शोध फर्में उन स्टोर्स पर कम्पनी का उत्पाद वितरित करती है । साथ ही उन पर नियन्त्रण रखते हुए उत्पाद की माँग पर सभी घटकों के प्रभाव का पता लगाती है ।

(c) अनुरूपण परीक्षण बाजार (Simulated Test Markets) :-

कम्पनी अनुरूपित बाजार वातावरण में भी उत्पाद परीक्षण कर सकती है । कम्पनी अथवा शोध फर्म, इस विधि में कुछ नमूने के तौर पर चुने गये ग्राहकों को विभिन्न उत्पादों के विज्ञापन एवं संवर्द्धन के प्रयास दिखलाती है और उन्हें कुछ धनराशि भी देती हैं । ग्राहकों को फिर एक अनुरूपित स्टोर में क्रय करने के लिए कहा जाता है । जैसा व्यवहार क्रेता का नये उत्पादों के प्रति होता है उसे नोट कर लिया जाता है । साथ ही अनुरान्धानकर्ता ग्राहकों से उनके क्रय निर्णय के कारण भी पूछता है ।

इन सभी परीक्षणों का एक मात्र उद्देश्य उपभोक्ताओं की उत्पादों के प्रति रुचि और उत्पादों की स्वीकृति की जाँच करना होता है ।

[8] वाणिज्यीकरण (Commercialization) :-

बाजार परीक्षण प्रबन्ध को अन्तिम निर्णय करने के लिए पर्याप्त सूचनाएँ उपलब्ध करवा देता है । इसके आधार पर वह निर्णय कर सकता है कि उत्पाद को बाजार में व्यवसाय हेतु उतारा जाय अथवा नहीं । यदि बाजार परीक्षण से उत्पाद को पूर्ण स्वीकृति प्राप्त हो जाती है तो उत्पाद का व्यावसायिक उत्पादन प्रारम्भ कर दिया जाता है । नये उत्पाद के व्यावसायीकरण के लिए फर्म निम्न चार निर्णय करती है -

(i) नये उत्पाद के बाजार परिचय का उचित समय का निर्धारण ।
(ii) नये उत्पाद के बाजार में उतारने के विक्रय क्षेत्र का निर्धारण ।
(iii) नये उत्पाद के सम्वद्धर्धन वितरण नीतियों का निर्धारण ।
(iv) विपणन सम्मिश्र हेतु उचित बजट प्रावधानों का निर्धारण ।

11

INTERNAL STARTUPS क्या है

बड़े और Well-established Companies अकसर ये Try करते हैं की कैसे ये खुद की Innovation तैयार करें, इसके लिए वो खुद ही Set-ups तैयार करते हैं जिन्हें की "Internal Startups" कहा जाता है.

ये Companies में एक अलग ही Entity बनकर विकशित होते रहते हैं. और जब ये अपने नए Product के साथ Market में आते हैं तब उन्हें उस Companies के Under ही इसे Launch करना होता है.

इससे बड़े Companies को भी कहीं दुसरे Companies को Acquire करने की जरुरत नहीं है. जब वो खुद ही अपने Products बना सकते हैं.

एक START-UP हमेशा से Temporary होता है

किसी भी STARTUP का Organizational Function होता है की वो हमेशा से एक Repeatable और Scalable Business Model की तलाश करे. एक प्रसिद्ध व्यक्ति ने कहा है की Start-up Founder के तीन मुख्य Function होते हैं :

1. PRODUCT और उसके Features के बारे में एक Vision प्रदान करें

2. Business Model के सभी चीज़ों के संधार्व में एक Series Of Hypotheses Create करें: जैसे की कोन हैं Customers? क्या हैं Distribution Channels ? कैसे हम Company को बड़ा और Finance कर सकते हैं ? इत्यादि.

3. जल्द से ये Validate कर लें की क्या Model Correct है ये देखकर की Customers का कैसे Behaviour है.

इंटरनल स्टार्टअप केसे बढ़ाए

नई अर्थव्यवस्था में नवाचार और चपलता व्यवसाय की सफलता के प्रमुख सिद्धांत बन गए हैं, बड़ी कंपनियों ने ऊर्जा और रचनात्मकता का अधिकतम लाभ उठाने के लिए आंतरिक स्टार्टअप शुरू करने का फैसला किया है, जो उनके साथ प्रतिस्पर्धा करने के लिए

उभरे हैं। कंसल्टिंग फर्म द नेक्स्ट ऑर्गनाइजेशन के विशेषज्ञों के अनुसार, हालांकि, माइक्रो-मैनेजमेंट की प्रवृत्ति कई कंपनियों को इस क्षमता को दबाते हुए देख रही है।

तेजी से भागती दुनिया में इनोवेशन बहुत महत्वपूर्ण होता जा रहा है। उत्पादों का उत्पाद जीवन चक्र छोटा और छोटा होता जा रहा है, जिससे प्रभावी नवाचार प्रबंधन अधिक कठिन हो जाता है और साथ ही पहले से कहीं अधिक महत्वपूर्ण हो जाता है। जब नवाचार तेजी से एक-दूसरे का अनुसरण कर रहे हों तो बड़ी कंपनियों के लिए नवीनीकरण की गति को बनाए रखना मुश्किल होता है।

नवाचार क्षमताओं में सुधार का एक बढ़ता हुआ तरीका सही कौशल का दोहन करने के लिए बाहरी रूप से देखना है। इसे कॉर्पोरेट वेंचरिंग कहा जाता है। इस प्रक्रिया में कॉर्पोरेट्स नवोन्मेषी कंपनियों, अक्सर स्टार्टअप्स में आंशिक या संपूर्ण हिस्सेदारी खरीदते हैं। हाल के वर्षों में, कॉर्पोरेट उद्यमशीलता एक मजबूत वृद्धि पर रही है। केपीएमजी के आंकड़ों के अनुसार कॉर्पोरेट वेंचरिंग 2010 में कुल उद्यम पूंजी गतिविधि के लगभग 11% से बढ़कर इस वर्ष 20% से अधिक हो गई है। उसी समय, कुल मूल्य आसमान छू गया है, $12 बिलियन से बढ़कर लगभग $65 बिलियन हो गया है, तेजी से बढ़ते वेंचर कैपिटल मार्केट के कारण, $120 बिलियन से अधिक।

1.कॉर्पोरेट वेंतुरिंग

इसकी वर्तमान तेजी की स्थिति के बावजूद, कुछ चुनौतियाँ हैं जो कॉर्पोरेट उद्यम का सामना करती हैं। अधिग्रहण महंगा हो सकता है, और एक ऐसे स्टार्टअप को एकीकृत करना कठिन है, जिसकी जड़ें अधिग्रहण करने वाली कंपनी से भिन्न हों। यही कारण है कि हाल के वर्षों में कॉर्पोरेट नवाचार को चलाने के लिए एक संपत्ति के रूप में आंतरिक स्टार्टअप प्रबंधन पर अधिक ध्यान दिया जा रहा है। मूल रूप से, एक आंतरिक स्टार्टअप एक सामान्य स्टार्टअप है, लेकिन एक मौजूदा डिवीजन या कंपनी के भीतर शुरू किया गया। इसका लाभ यह है कि कंपनियों के पास स्टार्टअप्स के लिए आवश्यक सभी बिल्डिंग ब्लॉक्स होते हैं; कुशल कर्मचारी, पूंजी समर्थन, बौद्धिक संपदा (पेटेंट), अनुबंध, कार्यालय स्थान और रणनीतिक समर्थन। इस प्रकार, बड़ी कंपनियाँ अपने स्वयं के कॉर्पोरेट स्टार्टअप बनाने के लिए पूरी तरह से तैयार हैं।

आंतरिक स्टार्टअप तंत्र का एक उदाहरण ट्रिप एडवाइजर है, जो 2004 में बड़े एक्सपीडिया का हिस्सा बन गया। सफल व्यवसाय बाद में 2011 के अंत में बंद हो गया, एक ठोस लॉन्च का आनंद लेने के बाद, इसने पारंपरिक ट्रैवल एजेंसियों के व्यापार मॉडल को बाधित कर दिया। अनोखा तरीका। व्यापक रूप से जाना जाने वाला डिजिटल प्लेटफॉर्म होटल, रेस्तरां या अन्य मनोरंजन स्थलों से सेवाओं को बढ़ावा देता है और यात्रियों को एक-दूसरे को सलाह देता है कि क्या जाना है - उपभोक्ता के आधार पर उपयोग की जाने वाली उपयोगकर्ता-जनित सामग्री का एक प्रारंभिक उदाहरण। Booking.com, Expedia और Hotels.com जैसे यात्रा-आवास के कई आपूर्तिकर्ता अब Tripadvisor के प्लेटफॉर्म के

माध्यम से अपनी सेवाएं प्रदान करते हैं।

कई तकनीकी नेताओं द्वारा रणनीति का लाभ उठाने के साथ, यह आश्चर्य की बात नहीं है कि एक और उदाहरण Google से आता है। कंपनी के आंतरिक स्टार्टअप इनक्यूबेटर, एरिया 120, का पिछले साल अनावरण किया गया था, जिसने आज तक कई परियोजनाओं के निर्माण का नेतृत्व किया है, जिसमें एक व्यक्तिगत स्टाइलिस्ट ऐप टेलर, एक वॉयस मैसेंजर सुपरसोनिक और हाल ही में, एक साथ YouTube वीडियो देखने के लिए एक ऐप शामिल है। अपटाइम, साथ ही अपॉइंटमेंट्स, एक सैलून बुकिंग टूल।

हालाँकि, स्वतंत्र स्टार्टअप्स की तरह, कई आंतरिक स्टार्टअप भी 50% से 90% तक की दर से विफल होते हैं। शीर्ष पांच कारणों से स्टार्टअप विफल होते हैं: उनके लिए कोई बाजार की आवश्यकता नहीं है, परियोजनाएं नकदी से बाहर हो जाती हैं, वे सही टीम को किराए पर नहीं लेते हैं, या प्रतिस्पर्धा से बाहर हो जाते हैं, और मूल्य निर्धारण/लागत के मुद्दों के कारण विफल हो जाते हैं। The Next Organisation के विशेषज्ञों के अनुसार, Consultancy.eu के साथ चर्चा में, कॉर्पोरेट्स को स्टार्टअप प्रबंधन सही करने के लिए, उन्हें तीन बिल्डिंग ब्लॉक सही करने की आवश्यकता है।

2.आंतरिक स्टार्टअप प्रबंधन

सलाहकारों ने कहा, "आंतरिक स्टार्टअप शुरू करने का एक नुकसान खुद मूल कंपनी का व्यवहार है। एक आंतरिक स्टार्टअप को त्वरित निर्णय लेने में सक्षम होना चाहिए, रुझानों पर तेजी से अनुमान लगाना चाहिए और गलतियां करने का अवसर होना चाहिए। हालाँकि, मूल कंपनी खुद को व्यवसाय जीवन चक्र के एक अलग चरण में पाती है, जिसे नवाचार के बजाय निरंतरता के उद्देश्य से नियंत्रण केंद्रित प्रबंधन शैली की विशेषता है।

इस मामले में, मूल कंपनी को रिपोर्टिंग प्रक्रियाओं पर बहुत अधिक ध्यान केंद्रित करने के लिए देखा जा सकता है और इसे आपस में जुड़े हितों को छोड़ना मुश्किल लगता है। यह माइक्रो-प्रबंधन एक आंतरिक स्टार्टअप की संभावित चपलता को प्रभावित कर सकता है - पहली जगह में शुरू करने के प्रमुख प्लस में से एक - और प्रक्रिया में एक असफल-तेज मॉडल में पुनर्प्राप्त करना कठिन बनाता है। इस मामले में, स्टार्टअप को एक मूल कंपनी के रूप में नियंत्रित करने का सबसे अच्छा तरीका ऐसा नहीं करना है, बल्कि स्टार्टअप को एक स्वतंत्र कंपनी के रूप में मानना है।

"एक आंतरिक स्टार्टअप को त्वरित निर्णय लेने में सक्षम होना चाहिए, रुझानों पर तेजी से अनुमान लगाना और गलतियाँ करने का अवसर होना चाहिए।"

इसके बाद स्टार्टअप का नेतृत्व करने के लिए सही व्यक्ति की तलाश इसकी सफलता का एक महत्वपूर्ण पहलू है। कई फर्मों के लिए, आंतरिक रूप से एक आंतरिक स्टार्टअप के लिए भर्ती करना सामान्य ज्ञान की तरह लग सकता है - हालांकि, यहां तक कि सबसे उद्यमी और उत्साही कर्मचारी जो एक नए व्यापार विचार को आगे बढ़ाने की तलाश में हैं, वे भी कंपनी की आदतें हैं। आंतरिक स्टार्टअप की सफलता पर इनका नकारात्मक प्रभाव पड़ सकता है।

व्यवहार जो वे बोर्ड पर ला सकते हैं, जो स्टार्टअप्स के लिए हमेशा उपयुक्त नहीं होते हैं, उनमें लंबी दैनिक बैठकें, मार्केटिंग बजट पर प्रतिबंध, और नए उत्पादों के विस्तृत और तकनीकी पहलुओं पर ध्यान केंद्रित करना और बाजार सिद्धांत के लिए एक लंबा समय शामिल है - चपलता पर और अधिक प्रभाव डालना।

विस्तार से, विशेषज्ञों ने कहा, "इस दुविधा से निपटने का सबसे अच्छा तरीका आंतरिक उद्यमशीलता को आंतरिक स्टार्टअप के जिम्मेदार व्यक्ति के रूप में नियुक्त करना है, जिसमें इसकी (वित्तीय) सफलताओं में उचित हिस्सेदारी भी शामिल है। इसलिए बड़ी कंपनियों के लिए यह सलाह दी जाती है कि वे आंतरिक स्टार्टअप के लिए एक औपचारिक निवेशक के रूप में व्यवहार करें और उद्यमी के साथ स्पष्ट समझौते करें।

अंत में, आंतरिक स्टार्टअप को मूल कंपनी की प्रतिष्ठा की छाया में लॉन्च होने की चुनौती का सामना करना पड़ता है। मूल कंपनी की सकारात्मक और नकारात्मक दोनों धारणाएं स्टार्टअप की संभावित सफलता को बाधित कर सकती हैं। सामान्य ज्ञान यह तय करेगा कि मूल कंपनी की एक नकारात्मक प्रतिष्ठा आंतरिक स्टार्टअप को देख सकती है, चाहे वह कितना भी स्वतंत्र क्यों न हो, एक ही ब्रश से तारांकित हो, जिससे ग्राहकों को उत्पादों को खरीदने की संभावना कम हो, और निवेशकों को निवेश में कम दिलचस्पी हो और साथ ही मीडिया रिसेप्शन संभावित रूप से अधिक हो। विरोधी। हालाँकि, मूल कंपनी की एक उत्कृष्ट प्रतिष्ठा आंतरिक स्टार्टअप की सफलता को भी सीमित कर सकती है, यह देखते हुए कि एक नए उत्पाद के साथ उलझने वाले लोग मूल कंपनी के एक मानक की उम्मीद करते हैं, निराश हो जाते हैं, भले ही स्टार्टअप अन्य तरीकों से उत्कृष्टता प्राप्त करता हो।

उम्मीदों का यह बोझ हितधारकों की आवाज को इस तरह से अस्वीकार कर सकता है कि फुटबॉल प्रशंसक दूसरी पीढ़ी के फुटबॉल स्टार की आलोचना करते हैं, जो एक अलग स्थिति में खेलने के बावजूद अपने माता-पिता की प्रतिष्ठा को पूरा करने में विफल रहता है। नतीजतन, मूल कंपनी अक्सर अधिक केंद्रीकृत नीति का सहारा लेती है, जो आंतरिक स्टार्टअप को कम स्वतंत्र रूप से संचालित करने की अनुमति देती है।

12

मार्केटिंग रणनीति: यह क्या है

मुझे पता है कि आप एक सामान्य व्यक्ति की तरह सोचते हैं जो नहीं जानता कि मार्केटिंग क्या है। वे सोचते हैं कि मार्केटिंग का अर्थ है "गंजे सिर वाले व्यक्ति को कंघी बेचने की तकनीक मार्केटिंग कहलाती है"। इसके अलावा, बहुत से लोग समझते हैं कि मार्केटिंग का मतलब किसी उत्पाद को बेचने की प्रक्रिया से है।

लेकिन याद रखें, मार्केटिंग पूरी तरह से अलग है, और इसका सही तरीका जानना महत्वपूर्ण है। तो, मार्केटिंग क्या है? मार्केटिंग किसे और किस प्रक्रिया को कहते हैं?

मार्केटिंग किसी भी ब्रांड, व्यवसाय, उत्पाद या सेवा को बाजार में और जनता के बीच प्रचारित करने और उनकी मांग और मूल्य को बढ़ाने की प्रक्रिया है।इस प्रक्रिया में, विभिन्न प्रकार की मार्केटिंग रणनीतियों और रणनीतियों का उपयोग किया जाता है। किसी भी छोटे व्यवसाय से शुरू होकर, बहुराष्ट्रीय कंपनियों को भी अपने उत्पाद, ब्रांड या व्यवसाय की मार्केटिंग करनी होती है।

मार्केटिंग क्या है ?

यदि हम मार्केटिंग रणनीति जानना चाहते हैं, तो हमें पहले यह जानना होगा कि मार्केटिंग क्या है! मार्केटिंग किसी ब्रांड या उत्पाद या व्यवसाय की सुंदर और आकर्षक तरीके से प्रस्तुति है। बाजार में इसकी मांग बढ़ाने के लिए। इसके लिए कुछ रणनीति अपनानी होगी। ताकि ग्राहक उत्पाद की ओर आकर्षित हो। व्यवसाय शुरू करते समय उत्पाद विपणन का ध्यान रखना महत्वपूर्ण है। इस संबंध में समय सार का है।

मार्केटिंग की कई अलग-अलग परिभाषाएँ हैं। हालाँके, सबसे महत्वपूर्ण परिभाषा यह है कि,

और, इस मार्केटिंग प्रक्रिया के माध्यम से, वे हम जैसे लोगों को उनके ब्रांड, उत्पादों और सेवाओं के बारे में बता सकते हैं। इसके अलावा, वर्तमान में कुछ प्रभावी "Marketing Strategy" के बिना, किसी व्यवसाय या ब्रांड के लिए अपने व्यवसाय का सफलतापूर्वक

विपणन करना संभव नहीं है।

इसलिए, वर्तमान में कोई भी व्यवसाय या कंपनी, अपने व्यवसाय के Marketing में, कुछ marketing executives या marketing Manager को काम पर रखती है, जिन्हें Marketing Strategy के बारे में कुछ विशेष ज्ञान रखते है।

Marketing एक management process है जिसके माध्यम से ग्राहक को एक अवधारणा के भीतर उत्पाद के रूप में किसी भी सामान या सेवाओं को पारित किया जाता है।" यह एक व्यवसायिक प्रक्रिया है जहां ग्राहक की जरूरतें और इच्छाएं पाई जाती हैं, वे उत्पादों और सेवाओं के माध्यम से संतुष्ट होते हैं।

इसके अलावा, हम यह भी कह सकते हैं –

Marketing एक ऐसी प्रक्रिया है जिसके द्वारा संभावित ग्राहक अपने उत्पादों और सेवाओं के प्रति आकर्षित होते हैं। Marketing का सबसे महत्वपूर्ण पहलू process "प्रक्रिया" है। यह पूरी प्रक्रिया विभिन्न विषयों से जुड़ी या जुड़ी हुई है।

उदाहरण के लिए,

मान लीजिए आप एक नया स्मार्टफोन बनाने की सोच रहे हैं। अब बाजार में बहुत सारी अच्छी कंपनियां हैं जिनका मोबाइल ग्राहकों को काफी पसंद आता है इस बीच लोग आपका मोबाइल क्यों खरीदेंगे? यह वह जगह है जहां अनुसंधान आता है, जहां आपको यह पता लगाना है कि ग्राहक को क्या चाहिए।

आपको यह पता लगाने की जरूरत है कि आपके ग्राहक क्या, क्या और कौन से फीचर, फंक्शन या बजट मोबाइल आसानी से खरीद लेंगे।

अब ऐसा मोबाइल बनाने के बाद आपको प्रमोशन करना है। विभिन्न उत्पाद प्रचार रणनीतियों Product promotion के माध्यम से, आपको अपने मोबाइल या उत्पाद के मुद्दे को लोगों तक ले जाने की आवश्यकता है।

और, प्रचार के माध्यम से, आपके ग्राहकों को यह समझने की आवश्यकता है कि, "वे आपके द्वारा बनाया गया मोबाइल फोन क्यों खरीदेंगे?" या "यदि वे आपका मोबाइल खरीद लेंगे तो उन्हें क्या लाभ होगा?"

यदि आपका बनाया हुआ मोबाइल या कोई उत्पाद ग्राहक की मांग को पूरा कर रहा है या वे लाभ कमा रहे हैं, तो वे इसे जरूर खरीदेंगे। अंत में, उचित उत्पाद प्रचार के बाद, आपका काम उत्पादों को बेचना और वितरित करना होगा।

और इस पूरी प्रक्रिया को मार्केटिंग प्रक्रिया कहा जा सकता है।

मार्केटिंग कितने प्रकार की होती है और क्या? (Types of marketing)

मार्केटिंग मूल रूप से दो प्रकार की होती है।

1. बिजनेस टू बिजनेस मार्केटिंग

बिजनेस टू बिजनेस (B2B) मार्केटिंग को बी-टू-बी मार्केटिंग भी कहा जाता है। यह एक मार्केटिंग प्रक्रिया है जहां व्यापारियों के बीच लेनदेन (transactions) किया जाता है।

उदाहरण के लिए,

मान लीजिए कि आप एक निर्माण कंपनी manufacture company हैं और आप अपने व्यवसाय का विपणन एक wholesaler को कर रहे हैं। या, Wholesaler business में retail business के साथ लेनदेन या पदोन्नति हो रही है।

याद रखें, यह एक व्यवसाय है लेकिन सामान्य ग्राहक को किसी भी प्रकार का लेन-देन, प्रचार या विपणन नहीं कर रहा है। इस प्रकार, किसी व्यवसाय को किसी अन्य व्यवसाय के साथ या उसके निकट Marketing की प्रक्रिया को व्यवसाय से व्यवसाय "business to business" marketing कहा जाता है।

2. बिजनेस टू कंज्यूमर मार्केटिंग (Business to consumer marketing)

B2C के मामले में, हम सीधे उपभोक्ता को लक्षित करते हुए विज्ञापन, प्रचार या अन्य मार्केटिंग रणनीतियाँ लागू करते हैं।

उदाहरण के लिए,

मान लीजिए आप एक पेन की मार्केटिंग करना चाहते हैं। अब, यदि आप उस कलम को आम जनता तक ले जाते हैं और उसका प्रचार करते हैं, तो इसे B2C मार्केटिंग कहा जाता है। तो, व्यवसाय से उपभोक्ता एक Marketing Strategy है जहां व्यक्तिगत लोगों के पास जाकर व्यवसाय को बढ़ावा दिया जाता है।

ऐसे में ऑनलाइन और ऑफलाइन विभिन्न प्रक्रियाओं का उपयोग करके मार्केटिंग की जाती है।

मार्केटिंग कैसे करें? Marketing Kaise kare

ऊपर हमने सीखा कि, "Marketing क्या है। अब नीचे हम जानेंगे, "मार्केटिंग कैसे करें" या उत्पादों और सेवाओं को बाजार में लाने के लिए किस प्रक्रिया का उपयोग किया जा सकता है।

इस प्रकार हम 2 Strategy का उपयोग करके उत्पाद का विपणन कर सकते हैं।

Digital marketing

Word of mouth

इस मामले में, कुछ सबसे पुरानी और अब सबसे विलुप्त तकनीकों का उपयोग करके विपणन किया जाता है।

समाचार पत्र, टेम्प्लेट, बैनर, टीवी विज्ञापन, रेडियो विज्ञापन आदि, कुछ पारंपरिक (Traditional) प्रक्रियाओं का उपयोग इस पारंपरिक विपणन की प्रक्रिया के रूप में किया जा रहा है।

इस प्रक्रिया में सबसे महत्वपूर्ण चीज भौतिक विज्ञापन है। हालाँकि, वर्तमान में इस प्रकार की भौतिक विपणन प्रक्रियाओं का उपयोग घट रहा है। क्योंकि, इस मामले में लक्षित ग्राहकों को लक्षित करना मुश्किल है।

1.Digital marketing

इंटरनेट के माध्यम से ऑनलाइन मार्केटिंग की प्रक्रिया को "डिजिटल मार्केटिंग" कहा जाता है।

डिजिटल मार्केटिंग को "ऑनलाइन मार्केटिंग" या "इंटरनेट मार्केटिंग" भी कहा जाता है। आजकल इंटरनेट के माध्यम से की जाने वाली यह आधुनिक मार्केटिंग रणनीति बहुत लोकप्रिय और प्रभावी है। इससे आप घर बैठे लक्षित ग्राहकों तक आसानी से अपने उत्पाद या सेवाओं का प्रचार कर सकते हैं।

क्योंकि, यहां इंटरनेट का उपयोग किया जा रहा है, और किसी भी समय अरबों लोग इंटरनेट पर सक्रिय हैं। आज कोई भी छोटी या बड़ी कंपनी या व्यवसाय इस डिजिटल मार्केटिंग के माध्यम से अपने ब्रांड और उत्पादों का प्रचार कर रहे हैं। इसके अलावा, ऑनलाइन मार्केटिंग के मामले में, आप अपने बजट (बजट) के रूप में प्रचार या विज्ञापन कर सकते हैं।

इससे आप घर बैठे लक्षित दर्शकों तक किसी भी उत्पाद, छवि, सेवा, व्यवसाय, ब्रांड, ब्लॉग, वेबसाइट या वीडियो सामग्री का प्रचार कर सकते हैं। हालाँकि, डिजिटल मार्केटिंग या इंटरनेट मार्केटिंग के माध्यम से ऑनलाइन मार्केटिंग के लिए अलग-अलग प्रक्रियाएँ हैं।

2.Word of mouth

जैसे, यह मार्केटिंग प्रक्रिया काफी लाभदायक है और इसके माध्यम से कई नई कंपनियां बहुत लोकप्रिय हो गई हैं। वर्ड ऑफ माउथ मार्केटिंग प्रक्रिया तभी पूरी होती है जब ग्राहक या उपभोक्ता को उत्पाद या सेवा पसंद आती है और वे उत्पाद को अपने निजी जीवन में शब्दों में व्यक्त करते हैं।

एक सेकंड के लिए कल्पना कीजिए कि आपको अर्ध की कर्म-चालित दुनिया में स्थानांतरित कर दिया गया था। बेशक अपने परिवार के सदस्यों या दोस्तों को उस मोबाइल फोन की विशेषताओं और विशेषताओं के बारे में बताएं।

सीधे शब्दों में कहें तो आप दूसरों को मोबाइल का प्रचार करते हैं। इसमें उस मोबाइल के मॉडल और कंपनी या ब्रांड की मार्केटिंग फ्री में की जा रही है और आप खुद एक उपभोक्ता के तौर पर ऐसा कर रहे हैं.

उदाहरण के लिए,

Redmi, Oppo, poco या realme, जब इस तरह के स्मार्टफोन बाजार में आए, तो हमें उनके बारे में पता नहीं था हालाँकि, इस वर्ड-ऑफ-माउथ मार्केटिंग के माध्यम से, ये मोबाइल ब्रांड आज काफी लोकप्रिय हो गए हैं। क्योंकि, ये मोबाइल कंपनियां काफी कम कीमत में स्मार्टफोन बना रही हैं और इसमें काफी अच्छे फीचर्स और फंक्शन हैं।

और इसलिए जो लोग मोबाइल का इस्तेमाल कर रहे हैं वे सभी को ये मोबाइल खरीदने की सलाह दे रहे हैं। इसमें आम लोगों के जरिए मार्केटिंग की जाएगी।

यदि आप मार्केटिंग तकनीकों को जानते हैं, तो आप आसानी से ग्राहक तक पहुँच सकते हैं। मार्केटिंग से आपके व्यवसाय की ब्रांड वैल्यू तो बढ़ेगी ही साथ ही आपकी बिक्री भी

बढ़ेगी। व्यापार में सफल होने के लिए हमें कई तरह की रणनीतियां अपनानी पड़ती हैं। सबसे महत्वपूर्ण चीज मार्केटिंग है।

व्यापार करने के लिए उत्पाद का विपणन बहुत आवश्यक है। कोई भी व्यवसाय मार्केटिंग के बिना जीवित नहीं रह सकता है। इस प्रतिस्पर्धी बाजार में जीवित रहने के लिए उत्पादों का उचित विपणन बहुत महत्वपूर्ण है। यह मार्केटिंग जितनी अच्छी होगी, व्यवसाय की समृद्धि उतनी ही अधिक होगी।

यदि आप पारंपरिक तरीके से उत्पाद को बढ़ावा दिए बिना अपने उत्पाद को थोड़ा अलग तरीके से प्रचारित कर सकते हैं, तो व्यापार विस्तार बेहतर होगा। तो इस मार्केटिंग के लिए कुछ रणनीतियों की जरूरत है।

13

हम कुछ मार्केटिंग रणनीतियों पर चर्चा करेंगे। आइए जानें कुछ मार्केटिंग तकनीकें।

1. ग्राहक को लक्षित करें

मार्केटिंग की रणनीतियों में से एक सही ग्राहक को लक्षित करना है। यदि आप सही ग्राहक को लक्षित नहीं कर सकते हैं, तो विपणन के बिना कोई लाभ नहीं होगा। उदाहरण के लिए, यदि आप किसी मेकअप उत्पाद की मार्केटिंग कर रहे हैं, तो आपको एक युवा महिला ग्राहक ढूंढना होगा। ऐसे में किसी बुजुर्ग या बच्चे को मार्केटिंग करने से कोई फायदा नहीं होगा।

2. सही जगह का निर्धारण

मार्केटिंग सही जगह पर होनी चाहिए। अगर आप बेतरतीब जगहों पर जाकर मार्केटिंग करेंगे तो आपको अच्छे नतीजे नहीं मिलेंगे। उदाहरण के लिए, अगर मैं मछली बाजार में एक आयातित पोशाक या जूते बेचने जाता हूं, तो मुझे कोई अच्छा परिणाम नहीं मिलेगा। ऐसे में मुझे किसी सुपर शॉप या शॉपिंग मॉल में जाना होगा।

3. विभिन्न कार्यक्रमों का आयोजन

उत्पाद के उचित विपणन के लिए विभिन्न कार्यक्रम आयोजित किए जा सकते हैं। ऐसे में यह प्रोग्राम ऑनलाइन या ऑफलाइन दो तरह से किया जा सकता है। कार्यक्रम के आयोजन का उद्देश्य खरीदारों को उत्पाद के बारे में बेहतर जानकारी देना है।

सब कुछ व्यवस्थित करें ताकि खरीदार आपके उत्पाद को खरीदने में दिलचस्पी ले। खरीदार के सामने उत्पाद के अच्छे पहलुओं को हाइलाइट करें। खरीदारों को समझाएं कि

"

आपके उत्पाद की गुणवत्ता किसी भी अन्य उत्पाद से बेहतर है और यह सस्ती भी है।

4. डिजिटल मार्केटिंग पर जोर

डिजिटल मार्केटिंग इंटरनेट या ऑनलाइन मार्केटिंग है। डिजिटल मार्केटिंग तब होती है जब आप अपने उत्पाद का ऑनलाइन या इंटरनेट के माध्यम से प्रचार या विज्ञापन करते हैं। आजकल कई व्यवसाय डिजिटल मार्केटिंग पर आधारित हैं। क्योंकि डिजिटल मार्केटिंग में लागत कम होती है और टारगेट कस्टमर तक पहुंचा जा सकता है.

डिजिटल मार्केटिंग के लाभ:

पारंपरिक विपणन की तुलना में लागत बहुत कम है।

लक्षित ग्राहक तक पहुंचा जा सकता है।

कम समय में कई और ग्राहकों तक पहुंचा जा सकता है।

सीधे ऑनलाइन बेचा जा सकता है।

ब्रांड वैल्यू बढ़ती है

5. उपभोक्ता बजट में उत्पाद की कीमत का निर्धारण

उत्पाद की गुणवत्ता और ग्राहक बजट दोनों बहुत महत्वपूर्ण हैं। उत्पाद को बाजार में उतारने से पहले ग्राहक को बजट को ध्यान में रखना चाहिए। यदि उत्पाद की कीमत सामान्य बजट से अधिक है, तो ग्राहक को लक्षित करना मुश्किल होगा।

ग्राहक की एक निश्चित श्रेणी के अलावा कोई भी उत्पाद खरीदने में दिलचस्पी नहीं लेगा। फिर, उत्पाद की कीमत कम करना और गुणवत्ता को खराब करना संभव नहीं है। फिर भी एक निश्चित समय के बाद उस उत्पाद को कोई नहीं खरीदेगा।

6. उत्पाद का सटीक विवरण

उत्पाद का सटीक विवरण ग्राहक को प्रस्तुत किया जाना चाहिए। अक्सर देखा जाता है कि अच्छे आइडिया के अभाव में कोई उत्पाद ग्राहक तक नहीं पहुंचता है। इसके लिए आपको उत्पाद के बारे में एक सुंदर लिखित और रोचक विवरण प्रस्तुत करना होगा।

उत्पाद की एक सुंदर तस्वीर अवश्य दें। एक अच्छी और अच्छी गुणवत्ता वाली तस्वीर और सुंदर विवरण उत्पाद को ग्राहक के लिए अधिक आकर्षक बना देगा।

7. आपको अन्य प्रतियोगियों को देखना होगा

मौजूदा प्रतिस्पर्धी बाजार में कई अन्य लोग भी यही काम कर रहे हैं। अपने उत्पाद को सभी तक पहुँचाने के लिए आपको अपने आस-पास के सभी लोगों पर नज़र रखनी होगी। आपको अन्य लोगों के प्रति जो सहायता प्रदान की जाती है, उसके साथ आपको अधिक भेदभावपूर्ण होना होगा।

क्योंकि, कई बार ग्राहक उत्पाद खरीदते समय अन्य कंपनी के साथ तुलना कर रहे हैं, उस स्थिति में आपका उत्पाद दूसरों की तुलना में बेहतर है और यदि आप ग्राहक को सही

दिशा दे सकते हैं कि आपका उत्पाद क्यों खरीदा जाएगा, तो यह फायदेमंद होगा विपणन।

8. अलग-अलग ऑफर दिए

अलग-अलग खास दिनों में अलग-अलग ऑफर्स की व्यवस्था की जा सकती है। ऐसे में खरीदारों के मन में यह बात होगी कि यह बैंड या यह संस्था खास दिनों में खास ऑफर का आयोजन करती है। इसके अलावा खरीदारों को विभिन्न लाभों की पेशकश की जा सकती है। यह मार्केटिंग रणनीतियों में से एक है।

किसी विशेष उत्पाद की खरीद को एक विशेष ऑफर द्वारा कवर किया जाएगा। विभिन्न उपहारों की व्यवस्था की जा सकती है। ई-गिफ्ट पाना हर किसी को पसंद होता है। उस स्थिति में यदि किसी निश्चित उत्पाद की खरीद पर उपहार की एक छोटी व्यवस्था है तो खरीदार की अधिक रुचि होगी।

9. किसी भी सामाजिक कार्य में उत्पाद का उपयोग:

यदि संभव हो तो उत्पाद का उपयोग किसी भी सामाजिक उद्देश्य के लिए किया जा सकता है। ऐसे में आम लोग उत्पाद को बहुत करीब से देख सकेंगे और इसके उपयोग के बारे में जान सकेंगे। एक बार जब आम लोग इसे पसंद करते हैं, तो उत्पाद का प्रचार प्रसार किया जाएगा।

10. मेलों का आयोजन

अपने उत्पाद को ग्राहक तक पहुंचाने के लिए मेलों का आयोजन किया जा सकता है। ऐसे में मेले में अलग-अलग रैफल ड्रॉ या अलग-अलग छूट का आयोजन किया जा सकता है। ग्राहक अक्सर छूट प्राप्त करके खुश होते हैं और उत्पाद की गुणवत्ता अच्छी होने पर बाद में वही आइटम खरीदने के इच्छुक होते हैं। यह भी सबसे महत्वपूर्ण मार्केटिंग रणनीतियों में से एक है।

11.cousemar market

इसका मतलब होता है दोस्तो आप अपने प्रोडक्ट या सर्विसेस को ऐसे तैयार करना चाहिए, अर्थात कुछ ऐसे कारण उत्पन करना चाहिए. जिससे आपके ग्राहक लुभावन ऑफर की तरफ ना जा कर आपके ही प्रॉडक्ट खरीदे. इसके लिए आपको अपने प्रॉडक्ट की क्वॉलिटी सबसे यूनीक करना पड़ेगा अगर दोस्तो आपका प्रॉडक्ट यूनीक है और ब्रांडेड है तो कस्टमर कभी भी आपको छोड़ कर नहीं जा सकता.

उदाहरण के लिए एप्पल आईफोन वाला कभी एडवरटाइजिंग नहीं करता है फिर भी इनका बहुत अच्छा मार्केट है क्यो की इनके प्रॉडक्ट सबसे यूनीक है. जिससे ग्राहक कभी भी छोड़ कर नहीं जाता हैं। इस लिए आपको ऐसा प्रोडक्ट बनाना है, जिसके आप पास भी कोई नहीं हो. अगर आप ऐसा करते हैं, तो मार्केट में आपका कॉम्पिटिटर्स भी नहीं रहेंगे ओर कस्टमर आपके साथ जीवन भर जुड़ जाएंगे.

12. एडवरटाइजिंग

दोस्तो यह एक ऐसी मार्केटिंग है जो आपको बहुत जल्दी सफलता दिला सकती हैं आपके बिजनेस को बहुत जल्दी से ग्रो करवाएगी. इसके लिए आपको ज्यादा कॉस्ट भी देनी पड़ेगी, अगर आप के पास बजट भी है और तेजी से अपने बिजनेस को बड़ा करना चाहते हो तो आपको एडवरटाइजिंग करना चाहिए.

अपने प्रॉडक्ट का आप कई माध्यमों से एड करव सकते हो जैसे – सोशल मीडिया,टीवी, न्यूजपेपर,रेडियो , डिस्प्ले एडवरटाइजिंग, ब्लॉग, माध्यमों से एड के सकते हो अपने बजट के अनुसार चयन कर लेना चाहिए. लेकिन आज के समय में सबसे ज्यादा एडवरटाइजिंग का फायदा आप अपने प्रोडक्ट की ऐड फेसबुक पर कर सकते हैं. क्योंकी यह सबसे ज्यादा पॉपुलर है, और फेसबुक एड टारगेट ऑडियंस तक पहुंचने में मदद मिलती हैं इसके लिए आप यूट्यूब का सहारा ले सकते हैं.

13.क्रॉस मार्केटिंग

क्रॉस मार्केटिंग वह मार्केटिंग होती हैं जिसमें कस्टमर तो समान होते हैं। लेकिन उनका प्रॉडक्ट एक जैसा नहीं मिलता है।ऐसा करने से मार्केटिंग की रिच तो बड़ जाती हैं लेकिन बजट वही रहता है। दोस्तो यह free मार्केटिंग है इसमें आपको एक अच्छा सा बिजनेस पार्टनर देखना है। और उसके प्रॉडक्ट का प्रमोशन आप करो बदले में वह आपके प्रोडक्ट का प्रमोशन करे।

जैसे- एप्पल आईफोन नाईक ब्रांड का प्रमोशन करता है वहीं दूसरी तरफ नाईक ब्रांड एप्पल का प्रमोशन करता है।

Mc Donald's– coca cola

Kitkat– Android app Google

ऐसे बहुत सारे उदाहरण है जो एक दूसरे का प्रमोशन करते हैं। ओर यह बहुत ही इफेक्टिव मार्केटिंग है, क्यों की इसमें आपकी कॉस्ट भी नहीं लगती हैं। लेकिन आपको एक बात का भी ध्यान रखना होगा कि, सामने वाला पार्टनर आपसे धोका नहीं कर ले।

14. Trade marketing

यह ट्रेड शो मार्केटिंग बहुत पापुलर होता जा रहा है एक ही छत के नीचे सभी ग्राहक का आ जाना को ट्रेड शो मार्केटिंग कहते हैं. इसमें क्या होता है किसी एक प्रॉडक्ट से रिलेटेड जितने भी मिलते जुलते प्रॉडक्ट एक ही छत के नीचे मिलते हैं.

इसमें आपको कम मेहनत में ज्यादा रिजल्ट मिल जाता है और न्यू कस्टमर भी मिल जाता है पर आपको यहां प्रमोशन ऑ आईओफर,unusual demonstration रख सक ते हो ताकि लोग आपके पास अट्रैक्ट होकर आए बाकी सभी का ट्रैफिक भी आपके पास आए.

15. सोशल मीडिया मार्केटिंग

सोशल मीडिया मार्केटिंग भी बड़ा पापुलर हो गया है आज के समय में बहुत तेजी से बढ़ रहा है. फिक्की की रिपोर्ट के अनुसार आने वाले चार साल में भारत में 84 करोड़ लोग सोशल मीडिया पर एक्टिव होने वाले है जो पूरी दुनिया में सबसे ज्यादा है.

आप इतने बड़े मार्केट को miss नहीं करे यहां पर आपके प्रोडक्ट को आपके अलावा दूसरे भी शेयर और प्रमोट करते हैं, आपका प्रॉडक्ट अच्छा है तो आज के समय में लोग चार से पांच घंटे सोशल मीडिया पर समय बिता रहे हैं यह बहुत अच्छा प्लेटफॉर्म है मार्केटिंग करने का.

अगर आपका प्रॉडक्ट किसी को अच्छा लगा और उसने सोशल मीडिया पर शेयर किया है तो आपके प्रोडक्ट के प्रति और ज्यादा ट्रस्ट होने लगेगा सोशल मीडिया हर जगह हर बिजनेस में काम आ रहा है.

16.freebie marketing

यह आपको देखने में अजीब सा लग रहा होगा यह क्या है फ्री में दो यह मार्केटिंग आपको बहुत बड़ी कामयाबी भी दिला सकती हैं हर बिजनेस में. इसमें आपको करना क्या है छोटा सा प्रॉडक्ट low वैल्यू फ्री में दे दे ताकि आप को high value का प्रॉडक्ट बेचने में आसानी हो जाती हैं. इसमें ग्राहक के दिमाग में यह बैठ जाता है कि वह यह प्रॉडक्ट फ्री में मिल रहा है।ज्यादा ग्राहक आते हैं आप फ्री वाले प्रॉडक्ट के साथ बहुत सारा प्रॉडक्ट बेच दिया जाता है.

17.वायरल मार्केटिंग

वायरल मार्केटिंग का मतलब की आप कुछ ऐसा कीजिए यानी सबसे अलग जिससे आपके प्रॉडक्ट या सर्विस वायरल हो जाय मार्केट में। बस एक बार आपका प्रॉडक्ट मार्केट में वायरल हो जाता है ना तो फिर आपके पास कस्टमर की लाइन लग जाएगी.

18.Marketing VS Promotion

मार्केटिंग और प्रमोशन के बीच लोगों को डिफरेंस का पता ही नहीं चलता है, लोग समझते हैं कि मार्केटिंग का मतलब होता है कि बल्क में प्रमोट कर दो, बल्क में ईमेल करो और बल्क में S.M.S. कर दो, लोग यही सब समझते हैं

19 Not Building Sales Funnel

लोग दूसरी सबसे बड़ी गलतियां यह करते हैं, कि वे अपना मार्केटिंग करने से पहले, अपना Sales चैनल बना के नहीं रखते हैं, अपना खुद का वेबसाइट नहीं बनाते हैं, और अपने खुद का कैटलॉग नहीं बनाते है और जब भी वे लोग मार्केटिंग करते हैं और कस्टमर को इनवाइट करते हैं तो लोगों को ऐसा कोई सही सेल्स चैनल नहीं दिखता है कि जिससे लोग कन्वर्ट हो। इसलिए उन लोगों का मार्केटिंग बेकार चला जाता है ।

Local Marketing or Local Listing

जब भी हम लोकल मार्केटिंग के बारे में बात करते है तो लोक सोशल मीडिया के बारे में ज्यादा बात करते है लेकिन लोग local listing के बारे में बात ही नहीं करते हैं, आप सभी को मैं बता दूं कि local listing initial level में बहुत इंपॉर्टेंट चीज है क्योंकि हर बिजनेस को प्रारंभिक स्तर तक बढ़ाता है।

20.Local listing

का मतलब यह है कि जितने भी online Directories हो गया वहां पर आप सभी को अपने बिजनेस के बारे में नोट करके रखना है अर्थात एक लिस्ट बनाकर रखना है। सोशल

मीडिया पर अकाउंट बनाना local listing में ही आता है। लेकिन Basically जैसे कि- Justdial, Google My Business हो गया, Indiamart हो गया, Tradeindia हो गया, Quora हो गय ऐसी-ऐसी बहुत सारी वेबसाइट है जिसे आप गूगल में सर्च करते है तो वह सभी वेबसाइट ऊपर ही आ जाती है।

21.कंटेंट मार्केटिंग (Content Marketing):

जहाँ तक कंटेंट मार्केटिंग का सवाल है ग्राहकों के साथ संबंधों को मजबूत करना एवं जागरूकता बढाने के लिए विभिन्न रूप में कंटेंट प्रकाशित करना ही है। इसे आम तौर पर डिजिटल मार्केटिंग के अवयव के तौर पर देखा जाता है लेकिन यह मार्केटिंग ऑफलाइन भी संभव है। ब्लॉग, सोशल मीडिया पोस्ट, इन्फोग्रफिक, विडियो इत्यादि कंटेंट भी इसके उदाहरण हैं।

22.सर्च इंजन ऑप्टिमाइजेशन

आम तौर पर इसे SEO के नाम से जाना जाता है यह एक ऐसी प्रकिया है जो वेबसाइट पर उपलब्ध कंटेंट को सर्च इंजन के अनुकूल बनाता है। और कंटेंट सर्च इंजन अनुकूल होने कारण जब लोग सर्च कर रहे होते हैं तो उन्हें दिखाई देता है जो वेबसाइट पर अधिक ट्रैफिक को आकर्षित करता है।

23.सर्च इंजन मार्केटिंग (Search Engine Marketing):

इसे आम तौर पर Pay per click (PPC) के नाम से भी जाना जाता है इस प्रक्रिया के तहत गूगल ऐड के माध्यम से उद्यमी को अपना कैंपेन बनाना होता है। और जब भी कोई इस ऐड पर क्लिक करता है उद्यमी को इसके लिए भुगतान देना पड़ता है। यह तरीका भी प्रभावी मार्केटिंग का एक बेहतरीन तरीका है क्योंकि इसमें उद्यमी टारगेट कस्टमर को आसानी से टारगेट कर सकता है।

24.गुरिल्ला मार्केटिंग (Guerrilla Marketing)

गुरिल्ला मार्केटिंग एक ऐसी विज्ञापन रणनीति है जो कम लागत वाली अपरंपरागत मार्केटिंग रणनीति पर केन्द्रित है यह कम लागत पर अधिकतम परिणाम देती है। उदाहरणार्थ: किसी ऐतिहासिक पुतले इत्यादि पर अपनी कंपनी इत्यादि का नाम लिखवाना, ट्रेन स्टेशन, दुकान, यूनिवर्सिटी कैंपस, सार्वजनिक स्थल इत्यादि में पोस्टर, बैनर , होर्डिंग इत्यादि इसी Marketing के उदाहरण हैं । अफिलिएट मार्केटिंग

अफिलिएट मार्केटिंग को इन्फ्लुएंसर मार्केटिंग का सिबलिंग भी कहा जा सकता है। यह भी बिक्री लाने के लिए लोगों के प्रभाव पर निर्भर करता है। यही कारण है कि आपको इसे अपने प्रभावशाली अभियान के साथ एकीकृत करने पर विचार करना चाहिए।

25.अफिलिएट मार्केटिंग क्या है?

आप अपने लिए लीड बनाने के लिए अपने ब्रांड के लिए अफिलिएटस की भर्ती करते हैं। उन्हें सेल्सपर्सन के रूप में माना जा सकता है जो कमीशन के आधार पर काम करते हैं। यह आयोग निर्णय लेने के लिए पूरी तरह आप पर निर्भर है। चाहे आप उन्हें उनके द्वारा उत्पन्न

बिक्री के अनुसार या प्रति उत्पाद के आधार पर एक समान शुल्क पर भुगतान करें।

अफिलिएटस की भर्ती के लिए सबसे अच्छा अभ्यास अफिलिएट रिक्रूटमेंट सॉफ्टवेयर का उपयोग करना है। इस तरह के समाधान आपके ब्रांड के लिए प्रासंगिक सहयोगियों को खोजने और भर्ती करने में शामिल बहुत सारे मैन्युअल कार्य को स्वचालित करते हैं।

26. ईमेल मार्केटिंग-

मार्केटिंग की दुनिया में ईमेल मार्केटिंगअभी भी मार्केटरस को निवेश पर अच्छा रिटर्न (आरओआई) दे रहे हैं।

डिमांड मीट्रिक और डेटा एंड मार्केटिंग एसोसिएशन (डीएमए) द्वारा हाल ही में किए गए एक सर्वेक्षण में, यह निष्कर्ष निकाला गया कि ईमेल मार्केटिंग में 122% का प्रभावशाली आरओआई था।

यहाँ एक सफल ईमेल मार्केटिंग शुरू करने के लिए कुछ सुझाव दिए गए हैं:

बहुत कुछ सब्जेक्ट लाइन पर निर्भर करता है - इसे कैंची, आकर्षक और लाभकारी बनाएं।

अपनी ईमेल कॉपी में शब्दजाल से बचें - सादा, प्रेरक भाषा में लिखें

टेक्स्ट को विभाजित करें ताकि स्कैन करना आसान हो - बुलेट और सबहेडिंग का उपयोग करें।

उन लाभों के बारे में बात करें जो आप देने जा रहे हैं।

मोबाइल उपकरणों के लिए ईमेल अनुकूलित करें

एक पेशेवर ईमेल हस्ताक्षर शामिल करें

27.इन्फ्लुएंसर मार्केटिंग-

इन्फ्लुएंसर मार्केटिंग का चलन वास्तव में तेजी से बढ़ रहा है। एक अध्ययन में यह देखा गया कि 84% मार्केटर अगले 12 महीनों में कम से कम एक इन्फ्लुएंसर मार्केटिंग अभियान शुरू करने की उम्मीद करते हैं। जबकि एक अध्ययन में 94% मार्केटरस ने इन्फ्लुएंसर मार्केटिंग को प्रभावी माना। यहां कुछ कारण बताए गए हैं कि स्टार्टअप्स को इन्फ्लुएंसर मार्केटिंग को क्यों अपनाना चाहिए:

अधिकांश ग्राहक पारंपरिक मार्केटिंग चैनलों से प्रतिरक्षित हो गए हैं।

इन्फ्लुएंसर मार्केटिंग अन्य प्रमोशनल स्ट्रेटजी की तुलना में कम खर्चीली है।

इन्फ्लुएंसर मार्केटिंग को लागू करना आसान है।

इन्फ्लुएंसर मार्केटिंग का वर्ड-ऑफ-माउथ पहलू आपके ब्रांड के लिए विश्वास बनाता है।

प्रभावित करने वालों की प्रामाणिकता के कारण ग्राहक आपके ब्रांड से जुड़ेंगे।

14

सोशल मीडिया मार्केटिंग क्या है

Social Media Marketing एक ऐसी मार्केटिंग तकनीक है जिसके द्वारा कोई बिज़नस, ब्रांड या व्यक्ति अपने सर्विस और प्रोडक्ट को प्रमोट करने के लिए सोशल मीडिया का इस्तेमाल करता है. सोशल मीडिया मार्केटिंग डिजिटल मार्केटिंग का ही एक भाग है.

सोशल मीडिया मार्केटिंग करने के लिए कोई कम्पनी विभिन्न सोशल मीडिया प्लेटफ़ॉर्म पर अपना एक बिज़नस अकाउंट बनाती है और फिर वहाँ पर नियमित रूप से Content पब्लिश करती है. सोशल मीडिया पर अधिकतर कंटेंट इमेज, विडियो, ऑडियो और इन्फोग्रफिक के form में ही उपलब्ध रहता है.

कंपनियां जल्दी अपने ऑडियंस तक पहुँचने के लिए सोशल मीडिया पर पेड विज्ञापन चलाती हैं. इसके अलावा कंपनियां अनेक प्रकार की अलग – अलग तकनीक की राहायता से सोशल मीडिया पर अपने ब्रांड की Awareness को बढ़ाती हैं. अपने मार्केटिंग उद्देश्यों को पूरा करने के लिए सोशल मीडिया मार्केटिंग एक बहुत ही Powerful तरीका है.

सोशल मीडिया मार्केटिंग क्यों जरुरी है

आज के समय ने किसी भी कंपनी या बिज़नस को सोशल मीडिया मार्केटिंग करना बहुत जरुरी है, चलिए समझते हैं कैसे.

सोशल मीडिया कितना फेमस है यह तो आप जानते ही होंगे, लगभग हर वह व्यक्ति जिसके पास एक स्मार्टफ़ोन है वह सोशल मीडिया का इस्तेमाल जरुर करता है.

अगर पूरी दुनिया की बात करें तो लगभग 3.6 बिलियन लोग सोशल मीडिया का इस्तेमाल करते हैं, और केवल भारत की बात करे तो यहाँ लगभग 40 करोड़ लोग सोशल मीडिया का इस्तेमाल करते हैं. सोशल मीडिया पर हर एक केटेगरी में Interest रखने वाले लोग मौजूद हैं.

सोशल मीडिया पर आप अपने प्रोडक्ट या सर्विस को उन लोगों तक पहुंचा सकते हैं जो वास्तव में आपके बिज़नस में interest रखते हैं, साथ में ही लोग आपके प्रोडक्ट को लाइक,

कमेंट, शेयर करते हैं जिससे आप पता कर सकते हैं कि लोग आपके प्रोडक्ट को पसंद कर रहे हैं या नहीं, और इस आधार पर अपने प्रोडक्ट को और बेहतर बना सकते हैं.

ट्रेडिशन मार्केटिंग की तुलना में सोशल मीडिया मार्केटिंग लागत प्रभावी है, आप कम पैसे खर्च करके सही लोगों तक पहुँच सकते हैं. जिन कंपनियों ने सोशल मीडिया मार्केटिंग का इस्तेमाल किया हैं उनके बिज़नस में तेजी से Growth हुई, और उनकी कमाई में भी बढ़ोतरी हुई है.

आज अधिकतर लोग सोशल मीडिया पर ऑनलाइन रहते हैं, इसलिए अपने प्रोडक्ट और सर्विस को प्रमोट करने के लिए सोशल मीडिया सबसे अच्छा जरिया है. अगर आप एक सही रणनीति के तहत सोशल मीडिया मार्केटिंग करते हैं तो आपको अपने बिज़नस में बहुत अच्छे परिणाम देखने को मिलेंगे. इन सब कारणों को देखते हुए हम कह सकते हैं कि सोशल मीडिया आज के समय में सभी के लिए बहुत महत्वपूर्ण है.

सोशल मीडिया मार्केटिंग के प्लेटफ़ॉर्म

आज मार्केट में ढेर सारे सोशल मीडिया प्लेटफ़ॉर्म मौजूद हैं, जहाँ आप अपने प्रोडक्ट और सर्विस को प्रमोट कर सकते हैं. यहाँ हमने आपको कुछ लोकप्रिय सोशल मीडिया प्लेटफ़ॉर्म के बारे में बताया है, आप इनमें से अपने बिज़नस के लिए सबसे बेस्ट सोशल मीडिया प्लेटफ़ॉर्म को सेलेक्ट कर सकते हैं.

1 – Facebook (फेसबुक)

फेसबुक दुनिया में इस्तेमाल होने वाला सबसे बड़ा सोशल मीडिया प्लेटफ़ॉर्म है, जहाँ पर पूरी दुनिया भर के 2.85 बिलियन यूजर मौजूद हैं. फेसबुक का इस्तेमाल लगभग हर एक केटेगरी और आयु के लोग करते हैं, इसलिए आप फेसबुक पर किसी भी प्रकार के प्रोडक्ट को प्रमोट कर सकते हैं.

फेसबुक में आप फ्री में या पेड विज्ञापन चलाकर अपने बिज़नस को प्रमोट कर सकते हैं. फेसबुक सबसे ज्यादा Profit देने वाला सोशल मीडिया प्लेटफ़ॉर्म में से एक है.

2 – Instagram (इन्स्टाग्राम)

Instagram भी फेसबुक का ही एक प्रोडक्ट है जिसका इस्तेमाल आप अपने बिज़नस के Awareness के लिए कर सकते हैं. आप इन्स्टाग्राम पर फ्री में ऑर्गनिक Method से अपने बिज़नस को प्रमोट कर सकते हैं या फिर फेसबुक के द्वारा इन्स्टाग्राम पर Ad run कर सकते हैं.

अगर आपके प्रोडक्ट की प्राइस बहुत अधिक है तो शायद इन्स्टाग्राम आपके लिए इतना benefit साबित नहीं हो सकता है. लेकिन कम प्राइस वाले प्रोडक्ट के लिए इन्स्टाग्राम बहुत ही फायदेमंद प्लेटफ़ॉर्म है.

3 – YouTube (यूट्यूब)

YouTube एक विडियो शेयरिंग प्लेटफ़ॉर्म है जिसे कि गूगल के द्वारा संचालित किया जाता है. आप YouTube पर अपने बिज़नस के लिए एक चैनल बना सकते हैं और नियमित

रूप से विडियो अपलोड कर सकते हैं. इसके अलावा आप गूगल के द्वारा YouTube पर अपने बिज़नस के लिए विज्ञापन चला सकते हैं.

फेसबुक की तरह ही YouTube पर भी लगभग हर एक केटेगरी के यूज़र मौजूद हैं, इसलिए YouTube पर paid ad run करने से अच्छे रिजल्ट मिलते हैं. आप किसी भी प्रकार के प्रोडक्ट को YouTube पर प्रमोट कर सकते हैं.

आपने YouTube पर बहुत सारे विज्ञापन चलते हुए देखे होंगे, यह विज्ञापन विज्ञापनप्रदाता (कंपनी) के लिए बहुत फायदेमंद होते हैं. YouTube Paid Advertisement में बहुत अधिक Competition है.

4 – LinkedIn (लिंकडिन)

LinkedIn भी एक बहुत ही अच्छा सोशल मीडिया प्लेटफ़ॉर्म है, यहाँ पर भी आप फ्री तथा पेड विज्ञापन चलाकर अपने प्रोडक्ट को प्रमोट कर सकते हैं. LinkedIn B2B (Business to Business) के लिए एक बहुत Powerful सोशल मीडिया प्लेटफ़ॉर्म है. अगर आप किसी प्रकार की सर्विस देते हैं तो LinkedIn का इस्तेमाल करके अधिक क्लाइंट प्राप्त कर सकते हैं.

5 – Twitter (ट्विटर)

Twitter भी एक Powerful सोशल मीडिया प्लेटफ़ॉर्म है, जिसका इस्तेमाल अधिकतर बड़ी – बड़ी हस्तियाँ भी करती हैं. Twitter पर आप अपने प्रोडक्ट के बारे लोगों को ट्वीट करके बता सकते हैं. आप ट्वीट में शॉर्ट डिस्क्रिप्शन तथा विडियो का इस्तेमाल कर सकते हैं. इसके साथ ही Twitter भी आपको पेड विज्ञापन चलाने की सुविधा देता है.

6 – Pinterest (पिनट्रस्ट)

Pinterest एक इमेज शेयरिंग वेबसाइट है, जहाँ पर आप अपने प्रोडक्ट के इमेज को शेयर कर सकते हैं. इमेज के साथ ही आप Short Video के रूप में भी कंटेंट पबिलश कर सकते हैं. Pinterest पर बहुत अच्छे Conversion मिलते हैं. Pinterest पर 430 मिलियन एक्टिव यूज़र हैं. अगर आप Affiliate Marketing करते हैं तो Pinterest आपके लिए एक अच्छा प्लेटफ़ॉर्म हो सकता है.

इनके अलावा भी अनेक सारे सोशल मीडिया प्लेटफ़ॉर्म हैं जहाँ आप Social Media Marketing कर सकते हैं, पर ये 6 प्लेटफ़ॉर्म सबसे अधिक लोकप्रिय और फायदा देने वाले हैं.

सोशल मीडिया मार्केटिंग कैसे करें?

सोशल मीडिया मार्केटिंग करने के लिए बेसिक प्रोसेस हमने आपको नीचे बताई है. पर एक बात का ध्यान रखें कि सोशल मीडिया मार्केटिंग से अच्छे रिजल्ट प्राप्त करने के लिए आपका प्रोडक्ट अच्छा होना चाहिए और आपके पास मार्केटिंग स्किल होनी चाहिए.

1 – बिज़नस प्रोफाइल बनायें

सबसे पहले आप अपने बिज़नस केटेगरी से Relevant सोशल मीडिया प्लेटफ़ॉर्म पर एक प्रोफेशन बिज़नस पेज बनायें. बिज़नस पेज को प्रोफेशनल बनाने के लिए आप अपने बिज़नस लोगो, कवर इमेज, बिज़नस वेबसाइट, कांटेक्ट डिटेल आदि सभी पेज में दें.

2 – कंटेंट पब्लिश करें

सोशल मीडिया पर बिज़नस पेज बना लेने के बाद आपको अपने उस पेज पर कंटेंट भी पब्लिश करना होता है. कंटेंट पब्लिश करने से आपका सोशल मीडिया पेज अच्छी तरह से Optimize हो जायेगा और आपकी सोशल मीडिया पर एक अच्छी Presence बन जाती है.

जब आपकी सोशल मीडिया पर अच्छी उपस्थिति बन जाती है तो अब आप अपने पेज के द्वारा वेबसाइट पर ट्रैफिक भेज सकते हैं, यानि सोशल मीडिया मार्केटिंग कर सकते हैं.

3 – Consistence रहें

आप नियमित रूप से कंटेंट पब्लिश करते रहें, Consistency ही वह सफलता की चाभी है जिसके द्वारा आप अपने उद्देश्यों में सफलता प्राप्त कर सकते हैं, आप नियमित रूप से कंटेंट पब्लिश करें.

ऐसा बिल्कुल ना करें कि आप एक कंटेंट आज पब्लिश कर रहें हैं तो अगला एक महीने बाद, ऐसा करने से आपको Organic Traffic नहीं मिलेगा. इसलिए कंटेंट डिलीवर करने की एक सही रणनीति बनायें, और एक Schedule में कंटेंट पब्लिश करें.

4 – पेड विज्ञापन चलायें

जब हम सोशल मीडिया मार्केटिंग के बारे में बात करते हैं तो Mostly हम Organic से ज्यादा Paid Campaign पर फोकस करते हैं. सोशल मीडिया मार्केटिंग में Success दिलाने के लिए Paid Campaign बहुत जरुरी होते हैं. सही रणनीति के द्वारा Paid Campaign चलाने से आप अपने Targeted ऑडियंस तक जल्दी पहुँच सकते हैं और अपने मार्केटिंग उद्देश्यों को जल्दी पूरा कर सकते हैं. लगभग सभी सोशल मीडिया प्लेटफ़ॉर्म Paid Advertisement करने की सुविधा प्रदान करते हैं.

5 – टेस्टिंग करते रहें

सोशल मीडिया मार्केटिंग में पेड विज्ञापन चलाने में Testing की भूमिका बहुत महत्वपूर्ण होती है, आपको अपने Paid Campaign में लगातार टेस्ट करने पड़ते हैं, अगर एक Ad आपके लिए सही Conversion नहीं दे रही है तो आप दुसरे ad बनाकर टेस्ट करें.

इसके अलावा आप एक ही Object में भिन्न – भिन्न ऑडियंस बनाकर टेस्ट कर सकते हैं, और जो ऑडियंस Convert नहीं हो रही है उसे ad दिखाना बंद कर सकते हैं. कहने का मतलब है कि SMM में Success प्राप्त करने के लिए आपको टेस्टिंग करनी भी जरुरी है.

6 – अपने Competitor पर रिसर्च करें

आपको अपने Competitor पर रिसर्च करनी चाहिए कि वे किस टाइप के कंटेंट डिलीवर कर रहे हैं, उन्होंने करंट टाइम में कितनी Ad run की हैं, उनकी Strategy क्या है आदि. यह सब analysis करके आप कोशिस करें कि अपने Competitor से अच्छा कंटेंट ऑडियंस को

दे सकें.

7 – सोशल मीडिया पर एक्टिव रहें

अपने सोशल मीडिया मार्केटिंग उद्देश्यों में सफलता प्राप्त करने के लिए आपको सोशल मीडिया पेज पर एक्टिव रहना पड़ेगा, आप अपने ऑडियंस के सवालों का जवाब दें, उनकी प्रॉब्लम को Solve करें, अपने पोस्ट पर कमेंट को Check करते हैं. अगर आप अपने ऑडियंस को सपोर्ट करेंगे तो वह आपके लिए और भी कस्टमर लेकर आयेंगे.

सोशल मीडिया मार्केटिंग के फायदे

सोशल मीडिया मार्केटिंग के कुछ प्रमुख फायदों के बारे में हमने आपको नीचे बताया है.

सोशल मीडिया पर आप बिल्कुल फ्री में अपना अकाउंट बना सकते हैं, और Organic Method के द्वारा अपने प्रोडक्ट की बिक्री को बढ़ा सकते हैं.

आप थोड़े बहुत बजट के साथ पेड विज्ञापन चला सकते हैं और तुरंत अपने प्रोडक्ट को सही ऑडियंस तक पहुंचा सकते हैं.

ट्रेडिशनल मार्केटिंग की तुलना में सोशल मीडिया मार्केटिंग सस्ती है.

सोशल मीडिया मार्केटिंग में आप विभिन्न प्रकार के Object पर Camping बना सकते हैं और अपने मार्केटिंग उद्देश्यों को पूरा कर सकते हैं.

आप अपने कस्टमर की प्रॉब्लम को पता कर सकते हैं और उसके आधार पर अपने प्रोडक्ट को और बेहतर बना सकते हैं.

सोशल मीडिया मार्केटिंग के नुकसान

वैसे अगर आपके प्रोडक्ट में दम है और आप एक बेहतर रणनीति के साथ सोशल मीडिया मार्केटिंग करते हैं तो सोशल मीडिया मार्केटिंग के ज्यादा नुकसान नहीं हैं. लेकिन फिर भी SMM से होने वाले कुछ नुकसानों के बारे में हमने आपको नीचे बताया है.

अगर यूजर आपके पोस्ट पर Negative कर्गेंट करते हैं तो आपके लिए बड़ी Problem खड़ी हो सकती है.

गलत Strategy से सोशल मीडिया मार्केटिंग करने पर आपके पैसे और समय दोनों बरबाद हो सकते हैं.

आपके नाराज ग्राहक आपके प्रोडक्ट या सर्विस की कमियों को उजागर कर सकते हैं.

सोशल मीडिया मार्केटिंग के द्वारा अच्छे रिजल्ट प्राप्त करने के लिए आपको लम्बे समय तक Paid Campaign चलाने होंगे.

Social Media Laws क्या है

वैसे देखा जाये तो इन Social Media Laws के बारे में हम सब पहले से जानते ही हैं लेकिन ऐसा हो सकता है की आप कुछ चीज़ों को miss भी कर सकते हैं इसलिए मैंने इनके बारे में और के बार निचे लिख दिया है.

1. The Law of Listening

Social Media और Content Marketing में यदि सफलता पानी है तब आपको कम बोलकर ज्यादा सुनना चाहिए. आपको अपने Target audience के content को अच्छे तरीके से पढना चाहिए और ऐसे discussions में शामिल होना चाहिए जहाँ आप ये जान सके की उनके लिए क्या important है. तभी जाकर कहीं आप अच्छे content create कर सकते हैं और उनमें कुछ value add कर सकते हैं.

2. The Law of Focus

आपको अपना Blog में पूरा Focus रहना है. क्यूंकि अगर आप सभी चीजों में अपना ध्यान देंगे तब आप किसी में भी सफल नहीं होंगे. आप अपने अच्छे content में focus कर ज्यादा audience लाने के बारे में सोचना चाहिए.

3. The Law of Quality

Quality हमेशा से Quantity से बेहतर रहा है. इसलिए ये बेहतर है की आपके पास 1000 online connection ऐसे हों जो की आपके content को पढ़ते हों और उसे share करते हों, और न की 10,000 online connection ऐसे जो की आपसे एक बार connect होने के बाद दूसरी बार आपसे न मिलें.

4. The Law of Patience

Social Media में सफलता रातों रात नहीं आता, बल्कि इसके लिए आपको कठिन परिश्रम करना पड़ता है और सही समय का इंतजार करना पड़ता है. इसलिए आप में Patience का होना सबसे जरुरी बात है.

5. The Law of Compounding

Compounding का funda ही है की लगातार और Patience के साथ कोई भी काम को करना बेहतर results के लिए. और अगर हम अच्छे और quality content हमेशा publish करते रहें तब धीरे धीरे लोग उसे देखने जरुर आयेंगे और ऐसे ही हमारा online database बढेगा. जो की भविष्य में बहुत ही अच्छे results देंगे.

6. The Law of Influence

आपको हमेशा ऐसे online influencer को खोजना चाहिए जिसकी market में बहुत demand है. और जो आपके products, services और business में interest लेता हो. ऐसे लोगों के साथ आपको connect कर लेना चाहिए और आगे चलकर उनसे अच्छी bonding भी करनी चाहिए.

और हो सकता है वो आपके products को अपने followers के साथ share करें, और जिससे आपको बहुत फायेदा होने वाला है

7. The Law of Value

अगर आप दिन भर केवल Social Media में अपने products और Services को share करते रहें तो हो सकता है की लोग आपके चीज़ों की कदर न करें. इसलिए आपको अपने content के ऊपर ज्यादा ध्यान देना चाहिए. क्यूंकि अच्छे contents ही आपके products को ज्यादा value प्रदान करते हैं.

8. The Law of Acknowledgment

जैसे की अगर कोई आपसे in-person मिलने को आये तो आप उसे ignore नहीं करते. ठीक वैसे ही अगर कोई आपको Online में बात करना चाहता है तब भी आपको उसे ignore नहीं करना चाहिए. क्यूंकि ऐसा करने से उन लोगों का आपके ऊपर विस्वास बढ़ता है.

9. The Law of Accessibility

जब भी आप कोई article publish करते हैं तब आपको उसके बाद present रहना चाहिए और न की वहां से गायब हो जाना चाहिए. इसका मतलब है की आपको consistently content publish करना चाहिए और लोगों के comments का जवाब भी देना चाहिए इससे वो आपसे खुलकर अपना doubts पूछ सकते हैं. जिससे उन्हें आप तक पहुँचने में ज्यादा समय नहीं लगेगा.

10. The Law of Reciprocity

आपको एक दुसरे का content share करना पड़ेगा. क्यूंकि ऐसे नहीं हो सकता की दुसरे केवल आपके contents को share करें. इससे आप दोनों में अच्छी understanding होगी जो की भविष्य में आप दोनों के लिए बहुत काम आएगी

15
Zero Budget Marketing क्या है

आपने अक्सर मार्केटिंग करने के कई तरीकों के बारे में सुना होगा। क्रॉस प्रोमोशन मार्केटिंग स्ट्रेटेजी इन्हीं में से एक जबरदस्त तकनीक है। क्रॉस प्रोमोशन बिजनेस के बजट पर भी प्रभाव नहीं ड़ालता है और इस रणनीति के जरिये आपको कम समय में लोगों के बीच पहचान मिल जाती है। क्रॉस-प्रमोशन विज्ञापन लागत को कम करते हुए जागरूकता बढ़ाने का काम करता है। क्रॉस प्रोमोशन के तहत आप अन्य ब्रांड्स के साथ साझेदारी करके मार्केटिंग लागत को व्यापक रूप से कम कर सकते हैं। सही क्रॉस-प्रमोशन मार्केटिंग स्ट्रेटेजी से आप बिज़नेस में काफी मुनाफा कमा सकते हैं ।

2. गुरिल्ला मार्केटिंग स्ट्रेटेजी (Guerrilla Marketing Strategy)

गुरिल्ला मार्केटिंग एक अलग तरह की मार्केटिंग है जिसमें बड़ा बजट शामिल नहीं है। यह टारगेट कस्टमर को एंटरटेन करने और उलझाने में यकीन रखती है। इसे करने के लिए रेडियो या टीवी विज्ञापनों की ज़रूरत नहीं है। इसके अंतर्गत एक अभियान को इतना चौंकाने वाला, मज़ेदार, अनोखा, रचनात्मक, या विवादास्पद बना दिया जाता है कि लोग इसके बारे में बात करना बंद नहीं करते आपने अक्सर देखा होगा कि बड़ी-बड़ी कंपनियां अपने प्रोडक्ट को वायरल करने के लिए कभी-कभी विवाद का सहारा भी ले लेती हैं जिससे लोगों के बीच उस विज्ञापन को लेकर चर्चा चलती रहे। इस तरह से आप भी अपने प्रोडक्ट को वायरल करने के लिए इसका सहारा ले सकते हैं। इस तरह के अन्य सुझावों के लिए आप बिज़नेस कोच (Business Coach) से भी संपर्क कर सकते हैं। इसके बारे में और अधिक जानकारी के लिए आप बिज़नेस कोच डॉ विवेक बिंद्रा जी की ये वीडियो देख सकते हैं

3. क्रिएटिव मार्केटिंग स्ट्रेटेजी (Creative Marketing Strategy)

कस्टमर का ध्यान अपनी ओर लाने के लिए आप क्रिएटिव मार्केटिंग का सहारा भी ले सकते हैं। आज कई बिज़नेस ट्रेनर Business Trainer मौजूद है जो आपको सही रणनीति बनाने में भी मदद करते है। क्रिएटिव मार्केटिंग स्ट्रेटेजी सबसे महत्वपूर्ण तत्वों में से एक

है क्योंकि इससे लोग जल्दी आकर्षित होते हैं। आपने देखा होगा अमूल का हर विज्ञापन अपने आप में बेहद खास होता है। वो हर मूवमेंट का तुरंत फायदा उठाते हुए उसमें अपनी क्रिएटिविटी दिखाता है जिससे दर्शक उसकी ओर अधिक आकर्षित होते हैं। आज कल लोग क्रिएटिव चीज़ें करने के लिए मीम्स का सहारा भी लेते हैं। वर्तमान में चल रहे कंटेंट से जोड़ते हुए वो अपने प्रोडक्ट का प्रचार-प्रसार करते हैं।

यह जीरो कोस्ट मार्केटिंग स्ट्रेटेजी आपके बिज़नेस को आगे बढ़ाने में बहुत मदद कर सकती हैं। आप इन तरीकों की मदद से अपने स्टार्टअप बिजनेस को ग्रोथ भी दिला सकते हैं और कॉम्पेटीटर्स के बीच अपने बिजनेस को पहचान भी दिला सकते हैं। यह तकनीक कम बजट में भी आपके बिजनेस के लिए बेहतरीन प्रचार उपलब्ध करा देती हैं।

4.Google व्यवसाय प्रोफ़ाइल

Google Business Profile का नमूना. यह जानकारी प्राप्त करने के लिए Google मानचित्र का उपयोग किया गया था। हालांकि, Google मानचित्र पर या स्थानीय खोज परिणामों में आपकी व्यावसायिक प्रोफ़ाइल अधिक दिखाई देने के लिए, आपको इसे सुधारना होगा, और इसे अनुकूलित करने के लिए, आपके पास इसका स्वामित्व सत्यापित होना चाहिए, जो आप अपने Google मेरा व्यवसाय खाते का उपयोग करके पूरा कर सकते हैं।

5. दूसरों के साथ पोस्ट करने (और संलग्न करने) के लिए सोशल मीडिया का उपयोग करें।

जब भी आपके पास कुछ अतिरिक्त मिनट हों, आप इसे कर सकते हैं। आप कर सकते हैं: अपनी ब्लॉग सामग्री का प्रचार करके अपनी वेबसाइट पर ट्रैफ़िक लाएँ। अपने ब्रांड की आवाज को व्यक्त करने और जुड़ाव बढ़ाने के लिए अपने दर्शकों से सीधे संवाद करें। पोल बनाएं और प्रतिक्रिया मांगें। सामग्री के लंबे टुकड़ों रो अर्क का उपयोग करके, आप संक्षिप्त और सूचनात्मक ब्लॉग बना सकते हैं जो उपभोग करने में आसान हैं।

आपकी प्रेरणा जो भी हो, सुनिश्चित करें कि आप नियमित रूप से बनाए गए सोशल मीडिया प्रोफाइल पर सक्रिय और सक्रिय हैं। संगति, समुदाय, सहयोग और समर्पण मन में आते हैं।

6.हैशटैग का प्रयोग करें!

अपने सोशल मीडिया पोस्ट में हैशटैग शामिल करना—सिर्फ इंस्टाग्राम, ट्विटर और टिकटॉक पर ही नहीं, बल्कि फेसबुक और लिंक्डइन पर भी—एक और मुफ्त मार्केटिंग तरीका है जो आपकी पहुंच बढ़ाने में आपकी मदद कर सकता है।

जबकि व्यापक या ट्रेंडी हैशटैग आपको अपनी ब्रांड पहचान को मजबूत करने में मदद कर सकते हैं, वे आपका एकमात्र विकल्प नहीं होना चाहिए। जब आप सामग्री या मार्गदर्शन साझा कर रहे हों, तो अधिक सटीक हैशटैग (लंबे-पूंछ वाले कीवर्ड के समान) उपयोगी होते हैं। यदि आप एक स्थानीय व्यवसाय हैं, तो आपको ऐसे हैशटैग शामिल करने होंगे जो आपके

स्थान के लिए विशिष्ट हों। कस्टम हैशटैग के बारे में मत भूलना!

7. लोगों (और ब्रांडों) को टैग करने के लिए सोशल मीडिया का उपयोग करें।

अपने वफादार ग्राहकों, ब्रांड इंजीलवादियों, या यहां तक कि आस-पास के संगठनों और प्रदाताओं को टैग करने के लिए सोशल मीडिया का उपयोग करने से आपको नए संभावित दर्शकों तक अपनी जैविक पहुंच का विस्तार करने, अपने अनुयायियों को विकसित करने और संभावित रूप से अतिरिक्त ग्राहक प्राप्त करने में मदद मिल सकती है। अपने प्रशंसकों को अपनी पोस्टिंग में हैशटैग के रूप में अपने सोशल मीडिया अकाउंट या अपने व्यावसायिक स्थान को शामिल करने के लिए प्रोत्साहित करें। यहां उपयोगकर्ता-जनित सामग्री के बारे में अधिक जानकारी दी गई है।

आप अपने स्वयं के लेखों में प्रसन्न उपभोक्ताओं को भी टैग कर सकते हैं, अपनी कंपनी को उस ग्राहक के नेटवर्क के सामने उजागर कर सकते हैं (बशर्ते आपके पास उनकी अनुमति हो)।

8.लिंक्डइन को नजरअंदाज नहीं करना चाहिए।

लिंक्डइन एक लोकप्रिय सोशल मीडिया प्लेटफॉर्म है जिसकी अक्सर अनदेखी की जाती है। न केवल नेटवर्क कनेक्शन बनाएं और फिर गायब हो जाएं; उनके साथ बातचीत में शामिल हों, अपने ब्लॉग पोस्ट और ऑफ़र साझा करें, फोरम में शामिल हों और भाग लें, और अन्य लोगों की उच्च-गुणवत्ता वाली जानकारी साझा करें।

बहुत सारे डेटा का उपयोग करके इन्फोग्राफिक्स बनाएं।

मार्केटिंग टूल के रूप में, इन्फोग्राफिक्स काफी प्रभावी हैं। वे आकर्षक हैं, समझने में आसान हैं, और लोग उन्हें साझा करना पसंद करते हैं, जिससे वे रेफरल ट्रैफ़िक और लिंक बढ़ाने के लिए एक उत्कृष्ट तरीका बन जाते हैं।

A+ इन्फोग्राफिक बनाने के लिए एक डिजाइनर को किराए पर लेना महंगा है, लेकिन आप Canva, Adobe के मुफ्त वेक्टर किट जैसे मुफ्त कार्यक्रमों का उपयोग करके अपना खुद का मुफ्त में बना सकते हैं।

9. उत्कृष्ट सामग्री तैयार करें

अगर सही तरीके से किया जाए तो कंटेंट मार्केटिंग एक अत्यधिक प्रभावी रणनीति है जिसमें बड़े निवेश की आवश्यकता नहीं होती है। यह न केवल आपके अधिकार, क्षमता और आपके दर्शकों की मदद करने की वास्तविक इच्छा को व्यक्त करता है, बल्कि Google भी उच्च गुणवत्ता वाली सामग्री का समर्थन करता है जो अक्सर पूछे जाने वाले मुद्दों का उत्तर देती है। परिणामस्वरूप, यह Google पर आपकी वेबसाइट की दृश्यता में सुधार करता है और अधिक निःशुल्क ट्रैफ़िक आकर्षित करता है।

10. एक ब्लॉग बनाएँ।

सामग्री को अपने मार्केटिंग प्रयासों का एक नियमित हिस्सा बनाने के लिए एक ब्लॉग शुरू करना एक शानदार तरीका है।

छोटे व्यवसाय वेबसाइट ट्रैफ़िक बढ़ाने, उपयोगकर्ता जुड़ाव बढ़ाने, अपनी ऑनलाइन उपस्थिति में सुधार करने और अपने समग्र एसईओ में सुधार करने के लिए ब्लॉगिंग का उपयोग करते हैं। यह अपने छोटे व्यवसाय के बारे में कहानियाँ बताकर और प्रासंगिक जानकारी प्रदान करके उसकी ऑनलाइन मार्केटिंग करने का एक बिल्कुल मुफ्त तरीका है।

निर्देशात्मक वीडियो उपलब्ध कराएं।

YouTube पर वीडियो बनाने और प्रकाशित करने के लिए किसी पेशेवर को काम पर रखना महंगा हो सकता है, लेकिन आपको ऐसा करने की ज़रूरत नहीं है। आज के निजी गैजेट और सोशल मीडिया ऐप, जैसे कि Instagram और Facebook, DIY वीडियो मार्केटिंग को सरल बनाते हैं। फिटेड शीट को फोल्ड करने या कचरा निपटान स्थापित करने जैसी चीजों को कैसे करना है, यह दिखाने के लिए वीडियो बहुत उपयोगी हैं। दूसरी ओर, वीडियो मार्केटिंग लगभग सभी उद्योगों में प्रभावी है। आप अपने दर्शकों के साथ उस महत्वपूर्ण संबंध को बनाने के लिए निम्नलिखित को विकसित कर सकते हैं: वीडियो और कैसे-करें जो आपको कुछ नया सिखाते हैं। आपकी कंपनी में परदे के पीछे काम करना कैसा लगता है, इसका उत्पाद कवरेज का प्रदर्शन।

11.अपने ग्राहकों के लिए एक रेफरल प्रोग्राम बनाएं।

नए ग्राहकों का सुझाव देने के लिए, मौजूदा ग्राहकों को एक मुफ्त उत्पाद, एक मुफ्त महीने की सेवा, या कुछ अन्य प्रोत्साहन प्रदान करें। याद रखें कि मुंह से बोलना काफी शक्तिशाली होता है, और अन्य ग्राहकों द्वारा संदर्भित उपभोक्ता विशेष रूप से मूल्यवान होते हैं, इसलिए दोस्तों को आपके व्यवसाय के बारे में सूचित करना बेहद फायदेमंद होता है।

12. व्यवसाय कार्ड

आपके व्यवसाय के लिए व्यवसाय कार्ड होना आपके ग्राहकों के लिए व्यावसायिकता दिखाता है। दूसरों की तुलना में आपको अलग दिखाने के लिए एक रचनात्मक व्यवसाय कार्ड आवश्यक है। एक स्मार्ट व्यवसायी हमेशा अपने साथ उचित मात्रा में व्यवसाय कार्ड रखता है और नए ग्राहकों और संभावित ग्राहकों से मिलते समय उन्हें सौंप देता है। आप किसी के भी हाथ में व्यवसाय कार्ड वितरित कर सकते हैं जो आपकी नई लीड्स/ग्राहकों की खोज में आपकी मदद कर सकता है। इससे सिफारिशों की दर बढ़ जाती है और इसके परिणामस्वरूप ग्राहकों की व्यस्तता में वृद्धि होती है।

16

टीम बिल्डिंग क्या है? और टीम बिल्डिंग कैसे करें

टीम बिल्डिंग को टीमों के गठन के उद्देश्य से गतिविधियों के एक सेट के रूप में परिभाषित किया जा सकता है, जिसे एक व्यवस्थित प्रक्रिया के लिए डिज़ाइन किया गया है प्रतिभागियों के बीच संबंधों में सुधार, समूह सामंजस्य, समस्या का समाधान, निर्णय लेने संघर्ष और अन्य पहलुओं का संकल्प जो एक टीम के प्रदर्शन को प्रभावित करता है.

यही है, यह लोगों के एक समूह के लिए एक प्रशिक्षण है, जिसका उद्देश्य अत्यधिक प्रभावी टीमों का निर्माण करना है, चाहे वह खेल, छात्र, व्यवसाय, सैन्य, आदि में हो।

कैसे बनाएं बिजनेस के लिए अच्छी टीम

प्रत्येक कंपनी चाहती है कि उसके पास श्रेष्ठ लोगों की टीम हो। क्योंकि कंपनी का उत्पाद कितना भी अच्छा हो अगर उनके पास काम करने वालों की अच्छी टीम नहीं होगी तब उत्पाद को मार्केट कैसे पेश करेंगे? कंपनियां हरदम इस कोशिश में लगी रहती हैं कि उनके विभिन्न विभागों में बेहतरीन लोग हों जो अपना सर्वश्रेष्ठ कंपनी को दें।

कई बार इस प्रयास में कंपनियां सफल भी होती हैं और असफल भी होती हैं। कंपनी छोटी हो या बड़ी सभी को काम करने वाले और परिणाम देने वाले लोगों की जरूरत तो होती ही है। किस प्रकार से एक अच्छी टीम बनाएं जो कंपनी को विकास के पथ पर आगे ले जाए।

1.स्व-आंकलन करें:

अगर आप बिजनेस आरंभ करने जा रहे हैं या किसी विभाग के प्रमुख के रूप में काम कर रहे हैं और आपको अच्छी टीम बनाना है तब सबसे पहले आप स्व-आंकलन करें। अगर आपमें बेहतरीन लीडर के गुण हैं तब आप अपनी टीम को लक्ष्य की ओर ले जाने में सफल हो सकते हैं। क्योंकि कंपनी के लिए फंड की व्यवस्था करना, प्रोजेक्ट तथा मैनेजमेंट स्किल्ज को आपको स्वयं विकसित करना पड़ता है। अगर आपमें यह गुण नहीं है तब आप टीम को कुछ नया नहीं दे पाएंगे।

2.उत्साही लोगों को टीम में लें :

अगर आपको अच्छी टीम बनाना है तब उत्साही लोगों को टीम में लें। ऐसे लोग जो लक्ष्य प्राप्त करने में उत्साह बताएं। टीम में ऐसे अनुभवी लोगों को लें जो छोटी कंपनियों में काम कर चुके हैं। ऐसे व्यक्ति नए माहौल और बड़ी कंपनी में काफी अच्छा काम करते हैं।

3.लोगों के बीच जाएं

:

अच्छे लोगों को ढूंढने के लिए आपको स्वयं निकलना पड़ता है। अपने सोशल नेटवर्क को बढ़ाएं, लोगों के बीच जाएं। सामाजिक कार्यक्रमों में स्वयं भाग लें और वहां पर अपनी पहचान बढ़ाएं। आपका नेटवर्क जितना बढ़ेगा वैसे ही अच्छे और काम करने वाले लोगों से आपकी पहचान अपने आप होती जाएगी।

4.टाउन हॉल मीटिंग

अगर आप नियमित रूप से टाउन हॉल मीटिंग्स का आयोजन करते हैं तो इससे टीम को आपस में जुड़ने का मौका मिलता है। इससे ट्रांसपेरेंसी बढ़ती है और एम्प्लॉइज को एक स्पष्ट उद्देश्य मिलता है। इससे एम्प्लॉइज की परफॉर्मेंस पर काफी पॉजिटिव असर पड़ता है। आपको नियमित टाउन हॉल मीटिंग्स का आयोजन करना चाहिए।

5.रोल बदलें

हर व्यक्ति को दूसरे की थाली में घी ज्यादा नजर आता है। कंपनी का हर एम्प्लॉई दूसरे डिपार्टमेंट, रोल और लेवल को अच्छा समझता है। हालांकि हर रोल और काम की अपनी अलग चुनौतियां होती हैं। अगर आप टीम के सदस्यों का रोल बदलते हैं तो इससे हर एम्प्लॉई रिफ्रेश हो जाता है। इससे टीम्स में कोलाबोरेशन और समझ की भावना बढ़ती है। आपको टीम के सदस्यों को आगे बढऩे का मौका देना चाहिए।

6.पहचान दें

जब आप अपनी टीम के सदस्यों को खास पहचान देते हैं तो सभी एम्प्लॉइज आपस में मजबूती से जुड़ते हैं। यह टीम को मोटिवेट करने का भी सबसे अच्छा तरीका है। आपकी टीम के सदस्य खुद की पहचानकर स्थापित करके बेहतर तरीके से काम करते हैं। आपको हर एम्प्लॉई को खास पहचान देनी चाहिए।

7.इनफॉर्मल रहें

अगर आप वर्कप्लेस पर अपने आस-पास रहने वाले लोगों के बारे में और बेहतर तरीके से जानेंगे तो माहौल खुशनुमा बन जाएगा। अगर टीम वर्कप्लेस से बाहर घूमने जाती है तो इससे सभी मोटिवेट रहते हैं और वर्कप्लेस पर बेहतर तरीके से काम करते हैं। इनफॉर्मल रहने से कई समस्याओं का समाधान मिल जाता है।

8.टीम इवेंट्स

आपको समस्या सुलझाने वाले इवेंट्स जैसे हैकथॉन्स का आयोजन करना चाहिए। इससे टीम मेंबर्स आपस में जुड़ते हैं और समस्या सुलझाने के लिए कुछ नया निर्माण करते हैं। इस

तरह के इवेंट्स इनोवेशन का बड़ा स्रोत होते हैं। इससे एम्प्लॉइज का समस्या को सुलझाने का नजरिया विकसित होता है। इन इवेंट्स में एम्प्लॉइज अपने विचारों को सही तरह से पेश कर पाते हैं। पारंपरिक तरीकों के बजाय इवेंट्स से एम्प्लॉइज तेजी से एकजुट होते हैं।

9. निर्णय क्षमता

नेतृत्व के लिए सबसे जरूरी गुण निर्णय लेने की क्षमता होती है इसलिए जल्दी और उचित निर्णय लेने में निपुणता हासिल करें, क्योंकि आपके निर्णयों पर ही टीम की परफॉरमेंस निर्भर करती है।

काबिल टीम लीडर न केवल आगे बढ़कर जिम्मेदारी लेते हैं, बल्कि हर काम के प्रति अपनी जवाबदेही भी स्वीकारते हैं इसलिए कभी भी जिम्मेदारी लेने से पीछे न हटें। साथ ही गलतियों से सबक लें और उन्हें सुधारने के लिए तत्पर रहें।

10. इमोशनल इंटेलिजेंस

सफल टीम लीडर्स दूसरों की भावनाओं पर काबू पाना भी जानते हैं इसलिए इमोशनल इंटेलिजेंस का गुण विकसित करें। इसके लिए किसी बात पर उत्तेजित होकर भला-बुरा कहने के बजाय शांत और संयमित रहना सीखना होगा।

कम्यूनिकेशन स्किल

11. कम्यूनिकेशन स्किल

केवल अपनी बात कहने की कला नहीं होती, इसमें दूसरों की बात सुनने का गुण भी शामिल होता है। इसलिए बतौर टीम लीडर अच्छे ढंग से बात कहने और टीम मेंबर्स की बातों को सही अर्थों में समझने में महारत हासिल करें।

12. खुद में सुधार

सच्चे टीम लीडर हरदम नया सीखने के लिए तत्पर रहते हैं। उनकी कोशिश अपने साथ-साथ टीम मेंबर्स की स्किल में इजाफे और कार्यशैली में सुधार की होती है। इसलिए हर नई तकनीक को गले लगाने के अलावा खुद को अपडेट और अपग्रेड करने में कोताही न बरतें।

13. प्रतिबद्धता Commitment

एक Best Team Leader जो भी Commitment करता है, उसे पूरा करता है। मान लीजिये किसी लीडर ने अपनी टीम के सामने कहा कि यह काम 15 दिन में होगा, तो एक Best Team Leader उस Commitment को पूरा करेगा, चाहें उसे Extra Time, Extra Work देना पड़े। टीम जब अपने Leader की प्रतिबद्धता को देखेगी, तो Leader का सम्मान करेगी और उसे फॉलो करेगी।

उपर्युक्त 5 गुण एक Best Team Leader आवश्यक है जिसे आप धैर्य और आत्मविश्वाश से सीख सकते हैं। इसके आलावा एक Best Team Leader में ईमानदारी होनी चाहियें, अपने कर काम के लिए Creativity होनी चाहिए।

14. ज़िम्मेदारी Responsibility

एक Best Team Leader अपनी टीम की सफलता और असफलता दोनों के लिये जिम्मेदार होता है। यदि के Leader यदि पानी टीम को दोष देता है, तो उसकी टीम उसका सम्मान नहीं करेगी और उसकी टीम बिखर जायेगी। इसलिए एक Best Team Leader को असफलयों को स्वीकार करना चाहियें और इसके सुधार के लिए क्या समाधान होना चाहियें, उस पर ध्यान देना चाहियें।

बेहतरीन टीम लीडर बनने के लिए अपनाएं ये टिप्स

टीम लीडर ऐसा होना चाहिए जो अपने सहकर्मियों को प्रेरित करे. अगर आप भी बेहतरीन टीम लीडर बनना चाहते हैं तो आपको यह हुनर सीखना होगा. अच्छा नेतृत्व कौशल न सिर्फ टीम कार्यक्षमता बढ़ाता है बल्कि इससे सहकर्मियों का आत्मविश्वास भी बढ़ता है.

प्रभावशाली प्रबंधन न सिर्फ लोगों पर अपना असर छोड़ता है, बल्कि उनकी कुशलता को भी सही दिशा में लेकर जाता है. प्रोत्साहन और प्रगति का गहरा संबंध होता है. जानिए कुछ ऐसे तरीके, जो आपको एक बेहतरीन टीम लीडर बना सकते हैं

1. ईक्यू पर दें ध्यान

जैसे अक्ल के लिए आईक्यू जरूरी होता है, वैसे ही टीम में ईक्यू यानी इमोशनल कोशंट जरूरी होता है. हैकअर्थ के सह-संस्थापक विवेक प्रकाश कहते हैं, "छोटी-छोटी बातों में दखल दिए बगैर टीम को निर्देश देना चाहिए. नए आइडियाज के लिए अपने विचार खुला रखें और उन्हें अपनाने से कतराएं नहीं

बेंगलुरु आधारित इस टैलेंट स्टार्टअप के सह-संस्थापक ने कहा, "जरूरी है कि टीम में सभी को जगह मिले और हर किसी की भावना का सम्मान हो. लीडर होना तानाशाह होना नहीं है. सबकी सुनकर टीम के हित में लिए जाने वाले फैसले ही सर्वोत्तम होते हैं."

2. सभी को शामिल करें

टीम में मिलनसार और शर्मीले, दोनों ही प्रकार के लोग होंगे. जरूरी है कि जो लोग टीम से दूर रहते हैं, उन्हें भी टीम में जोड़ा जाए. एक या जो खिलाड़ी मैच जीता सकते हैं, मगर पूरी प्रतियोगिता जीतने के लिए सभी को एकजुट प्रयास की जरूरत पड़ती है.

एप आधारित लोन देने वाले स्टार्टअप मनीट्रैप के सह-संस्थापक बाला पार्थसारथी ने कहा, "अच्छे लीडर की यही पहचान है कि वह शांत रहने वाले लोगों को शामिल करें. शांत मस्तिष्क में बेहतर विचार पनपते हैं."

3. संचार-संपर्क पर दें ध्यान

टीम में संचार और संपर्क की भूमिका काफी महत्वपूर्ण होती है. संदेशों का दोहराव होने से समय नष्ट होता है. मनीट्रैप के पार्थसारथी ने कहा कि लीडर्स को अपनी बात कहानियों और प्रसंगों के जरिए समझानी चाहिए. इससे ग्रहण क्षमता बेहतर होती है.

हैकरअर्थ के प्रकाश ने कहा, "लीडर्स की बातचीत पारदर्शी होनी चाहिए. वे अपने लक्ष्य को लेकर गंभीर और कार्यशैली के प्रति सचेत होने चाहिए. यह सुनिश्चित करना उनका दायित्व है कि टीम के प्रयास उसी दिशा में बढ़ रहे हों."

4. सहानुभूति है जरूरी

एच टेक सॉल्युशन स्टार्टअप एज नेटवर्क्स के संस्थापक अर्जुन प्रताप के अनुसार, एक अच्छे लीडर में संवेदनशीलता और सहानुभूति होना बेहद जरूरी है. इससे कार्यक्षेत्र का माहौल बेहतर बना रहता है और दीर्घावधि संबंधों का निर्माण हो सकता है

उन्होंने कहा, "लीडर खुद को कर्मचारी की स्थिति में रख कर देखे तो बेहतर होता है. इससे कर्मचारी का नजरिया समझने का अवसर मिलता है. आपको टीम की खूबियों और खामियों का पता चलता है. फैसले लेना काफी नहीं. उनपर सही तरीके से अमल करना जरूरी है."

5. योगदान की हो सराहना

हर कोई चाहता है कि टीम में उसके योगदान की सराहना हो. इसलिए सभी के प्रयासों का संदर्भ लिया जाना चाहिए. इससे टीम में जुड़ाव की भावना उत्पन्न होगी. साथ ही टीम के साथियों को फीडबैक और आलोचना का भी मौका मिलना चाहिए.

एज नेटवर्क्स के अर्जुन प्रताप ने कहा, "बेहतर काम करने वालों को पुरस्कृत किया जाना चाहिए. इससे न सिर्फ टीम में अच्छा माहौल बनता है, बल्कि दूसरे साथियों को भी प्रत्साहित किया जा सकता है. अपना मूल्यांकन करना भी जरूरी है."

6.योजना बनाना और अनुसरण करना Planning and Following

किसी काम को, किसी Vision को, किसी Project को पूरा करने के लिए उसे बेस्ट तरीके से चलने के लिए एक Best Team Leader एक Best Planning करता है। क्या Problem आयेंगी, जिसे कैसे Solve करना है, Vision को कैसे आगे बढ़ना है। किस तरह से Team Develop करनी है, Team Members की क्या Qualification है, कौन कौन से Members कौन कौन से काम करेंगे, एक Team Leader को इसकी Planning करनी होती है और उसे प्रबंधित करना होता है।

रिपोर्ट प्रस्तुत कर सकते हैं। यदि आप अपने काम से विमुख हो जाते हैं, तो अक्सर सहकर्मी भी आपका मार्गदर्शन करते हैं। उच्च अधिकारियों को शामिल किए बिना एक अच्छी टीम आपका समर्थन करेगी।

7.टीमवर्क राजस्व उत्पन्न करता है

एक कुशल और प्रभावी कर्मचारी वह है जो हर संगठन के लिए तरसता है। जैसा कि हम सभी जानते हैं कि लाभप्रदता व्यवसाय का मुख्य उद्देश्य है, इसके लिए योगदान देना और दूसरों को भी करना महत्वपूर्ण हो जाता है। टीमवर्क हर किसी को अपना योगदान देने की अनुमति देता है और इसलिए, कोई भी कार्यभार से अधिक नहीं है। सभी को समान प्लेटफ़ॉर्म प्रदान करके, निश्चित रूप से एक संगठन को प्राप्त करने में सक्षम करेगा जो वे लक्ष्य निर्धारित करते हैं।

8. श्रमिकों की प्रेरणा बढ़ाना

जब यह व्यावसायिक उद्देश्यों को प्राप्त करने की बात आती है, तो कर्मचारियों की प्रेरणा प्रमुख मनोवैज्ञानिक चर में से एक है। लेकिन न केवल कंपनी के अच्छे संचालन के लिए यह महत्वपूर्ण है, लेकिन श्रमिकों के कल्याण के लिए भी: उनके कब्जे में एक उच्च प्रेरणा वाले कर्मचारी अपनी नौकरी में खुश हैं।

प्रेरणा एक लक्ष्य को प्राप्त करने और एक आवश्यकता को पूरा करने के उद्देश्य से व्यवहार की शुरुआत, मार्गदर्शन और रखरखाव करती है। यह एक ऐसी शक्ति है जो हमें कार्य करती है और हमें आगे बढ़ाती है, और यह प्रतिकूल या कम अनुकूल परिस्थितियों को दूर करने के लिए महत्वपूर्ण है।

9. बेहतर संचार

कंपनी के वातावरण में संचार प्रमुख है और इसके लिए आवश्यक है कि यह ठीक से काम करे और विकसित हो। प्रभावी व्यावसायिक संचार के कुछ प्रभाव हैं: कर्मचारियों को प्रेरित, प्रतिबद्ध रखना, एक समावेशी कार्य जलवायु का पक्ष लें और, ज़ाहिर है, कंपनी की प्रतिस्पर्धात्मकता में सुधार.

टीम बिल्डिंग की गतिशीलता श्रमिकों के बीच व्यक्तिगत संचार में सुधार करती है और उनके बीच भावनात्मक संपर्क बढ़ाती है, क्योंकि यह एक कनेक्शन प्राप्त करता है जो काम से परे जाता है

Best Team Leader को अपनी योजना के लिए के लिए अच्छे निर्णय लेने और Problems को हल करने में भी समझ होनी चाहियें। सकारात्मक दृष्टिकोण के साथ, समस्याँए भी अवसर व् सीखने का अनुभव बन सकती है, इसलिए एक Best Team Leader सीखता है और अधिक जानकारी प्राप्त करता है।

7.ज़िम्मेदारी Responsibility

एक Best Team Leader अपनी टीम की सफलता और असफलता दोनों के लिये जिम्मेदार होता है। यदि के Leader यदि पानी टीम को दोष देता है, तो उसकी टीम उसका सम्मान नहीं करेगी और उसकी टीम बिखर जायेगी। इसलिए एक Best Team Leader को असफलयों को स्वीकार करना चाहियें और इसके सुधार के लिए क्या समाधान होना चाहियें, उस पर ध्यान देना चाहियें।

टीम वर्क के फायदे

टीम वर्क एक महत्वपूर्ण कौशल है जिसे प्रत्येक व्यक्ति को अपने क्षेत्र में विकसित करने की आवश्यकता है। टीम वर्क महत्वपूर्ण होने के कुछ कारण यहां दिए गए हैं:

1.रचनात्मकता बढ़ाता है

एक समय में समानता आने पर अक्सर लोगों को अधिक रचनात्मक और मुखर देखा जाता है। यदि किसी टीम के कर्मचारी एक-दूसरे से जुड़े होते हैं और उनमें आपसी समझ होती है, तो वे अस्वीकृति के डर के बिना अपने विचारों और विचारों को आत्मविश्वास से

साझा करेंगे। इस प्रकार, ध्वनि टीमवर्क करना फायदेमंद है जो रचनात्मकता को सफलता की ओर ले जाएगा। टीम के भीतर प्रभावी संचार आपको अधिक विचारों और उन्हें लागू करने के तरीके प्राप्त करने में मदद करेगा।

2.सीखने को बढ़ावा देता है

एक टीम में काम करते हुए, आप विभिन्न प्रकार के कौशल और प्रतिभा वाले लोगों का सामना कर सकते हैं। अवसर से सर्वश्रेष्ठ बनाते हुए, आप एक साथ काम करते हुए कुछ नया सीख सकते हैं। टीमवर्क हमेशा संसाधन निर्माण की ओर जाता है क्योंकि लोग आगामी चुनौतियों को बेहतर तरीके से संभालना सीखते हैं। इसलिए, एक इकाई के रूप में काम करते हुए, आप सीखने और बढ़ने के कई अवसरों में आएंगे।

3.टीमवर्क बूस्ट कॉन्फिडेंस

जब आप ऐसे लोगों के समूह के साथ काम कर रहे होते हैं, जो आपकी ताकत के आधार के रूप में खड़े होते हैं और आपका समर्थन करते हैं, तो आपकी टीम जल्द ही आपका परिवार बन जाएगी। टीम वर्क का एक सबसे बड़ा फायदा यह है कि इससे कर्मचारियों में आत्मविश्वास पैदा होता है। जैसा कि वर्षों से देखा जा रहा है, खुश कर्मचारियों के साथ काम करने से निर्णय लेने में बेहतर होता है और इसलिए, काम बोझ जैसा नहीं लगता है। कर्मचारी खुशी-खुशी कार्यालय में आएंगे जो अंततः उनके प्रदर्शन को बढ़ाएगा।

4.आप टीम वर्क के साथ स्पीड अप करें

यह स्पष्ट है कि सामूहिक प्रयासों की तुलना में एक अकेला व्यक्ति धीमी गति से कार्य करेगा। टीम के सदस्यों के बीच कार्यों को वितरित करना और कर्मचारियों के प्रभावी प्रदर्शन से टीम वर्क का सही अर्थ प्रतिबिंबित होगा। इसलिए, एक टीम में कुशलतापूर्वक काम करना जहां जिम्मेदारियों को समान रूप से साझा किया जाता है, निश्चित रूप से संगठन के उत्पादन को बढ़ाने के साथ-साथ आपको अपने लक्ष्यों को समय पर प्राप्त करने में मदद करेगा।

5.टीम वर्क साउंड वर्क रिलेशनशिप को पूरा करता है

मजबूत काम के रिश्ते बिना किसी इफ्स और बट के सिर्फ समझौते से बहुत अधिक हैं। इसके बजाय, यह सभी काम होने और एक-दूसरे के दृष्टिकोण को सम्मान पूर्वक समझने का अभ्यास है। एक टीम में काम करते समय ऐसी विचारधाराओं को अपनाने से बेहतर सहयोग और परिणाम दिखाई देते हैं। टीमवर्क के परिणामस्वरूप आपसी समझ और विश्वास विकसित होगा जो अंततः कंपनी के लिए फायदेमंद होगा। सार्थक रिश्तों को बढ़ावा देने के लिए, आप अपने कार्यस्थल पर मज़ेदार समय की गतिविधियों की कोशिश कर सकते हैं।

6.टीम वर्कर्स रियलिटी चेक हैं

यदि वे अकेले काम कर रहे हैं तो विसंगतियों को खोजना मुश्किल है। जब भी, एक टीम में एक ही परिदृश्य होता है, तो आपके टीम के कार्यकर्ता निश्चित रूप से आपकी गलतियों या

खामियों को उजागर करेंगे, जबकि एक परिवार के रूप में आपके काम का प्रमाण या क्रॉस-चेकिंग। सही अर्थों में टीमवर्क एक डेमो रियलिटी चेक है जिसके माध्यम से आप अपनी गलतियों को अपनी टीम के स्तर पर ही ठीक कर सकते हैं और त्रुटि-मुक्त

CO-FOUNDERS कोन हैं

Co-founders उन लोगों को कहा जाता है जो की START-UP Companies के Growth के दोरान उसके साथ Involve रहे. कोई भी Co-founder बन सकता है, चाहे वो company का आदमी हो या फिर बहार का.

मुख्य रूप से Co-founder होते हैं Entrepreneurs, Engineers, Hackers, Venture Capitalist, Web Developer, Web Designers और दुसरे जो की पहले से ही इन Companies से जुड़े हुए होते हैं.

इसलिए Co-Founders की कोई Legal Definition नहीं होती है. किसी को Co-Founder तभी कहा जा सकता है जब उसके पास Board Of Directors, Investors Or Shareholders के विषय में जानकारी मौजूद हो और जो की अपना मन की बात रख पा रहा हो इन लोगों के सामने और Companies के दुसरे Employees इसकी बात तो सुनें और अमल करने के लिए सोचें.

चूँकि CO-FOUNDERS की कोई Definitive Agreement मौजूद नहीं है इसलिए आगे चलकर Disputes का होना तो जायज सी बात है

17

कैसे करें सही को-फाउंडर का चुनाव, ताकि हो आपके बिजनेस का विस्तार

किसी भी बिजनेस को खड़ा करने में सबसे महत्वपूर्ण होता है को-फाउंडर का चुनाव...

जल्दबाजी में न करें अपने को-फाउंडर का चुनाव...

अपने को-फाउंडर से रखें ओपन रिलेशनशिप...

अपने स्वभाव व विचारों से मिलता जुलता हो आपके को-फाउंडर का स्वभाव...

किसी भी इंसान की जिंदगी में अच्छे पार्टनर का चुनाव बहुत मायने रखता है। चाहे बात लाइफ पार्टनर की हो, अच्छे दोस्त की हो या फिर बिजनेस पार्टनर की हो। एक अच्छे पार्टनर का चुनाव जिंदगी की हर राह को आसान बना देता है। अगर बात नई कंपनी की शुरुआत की हो तो ऐसे समय में एक अच्छा और वफादार बिजनेस पार्टनर यानी को-फाउंडर आपके लिए बहुत उपयोगी साबित हो सकता है। प्रसिद्ध उद्यमी पॉल ग्राहम किसी स्टार्टअप को अच्छे से चलाने के लिए एक अच्छे को-फाउंडर का चुनाव सबसे अहम मानते हैं। वे कहते हैं कि अगर आपके साथ एक अच्छा को-फाउंडर नहीं है तो सब काम छोड़ कर पहले एक अच्छे को-फाउंडर की तलाश में लग जाइए। क्योंकि उससे जरूरी कुछ नहीं है। एक ऐसा को-फाउंडर जो आपके आइडिया को पंख लगा दे और आपके बिजनेस को आगे बढ़ाने में सहायक सिद्ध हो।

इसलिए सही पार्टनर के चयन में किसी प्रकार का भी समझौता न करें। एक स्टार्टअप में आपको एक अच्छे को-फाउंडर की जरूरत पड़ती है क्योंकि उस समय आप सारे काम अकेले नहीं कर पाते। आपके पास समय की भी कमी होती है और साथ ही बहुत सारे ऐसे काम भी होते हैं जिनके लिए सलाह-मशविरा बहुत जरूरी है। उस दौरान आपको काम के विस्तार के लिए जानपहचान का दायरा बढ़ाना पड़ता है। कई अलग-अलग डिपार्टमेंट जैसे मार्किटिंग,

सेल्स, डिज़ाइनिंग, कोडिंग आदि कामों से जुड़े लोगों से बात करनी होती है। तथा उन्हें अपने साथ काम करने के लिए तैयार करना होता है। इसके अलावा दैनिक कामों के लिए भी को-फाउंडर की जरूरत पड़ती है। अब सवाल यह उठता है कि एक अच्छे को-फाउंडर का चयन किस प्रकार किया जाए। क्योंकि यह जरूरी नहीं कि आपके मित्र आपके काम में दिलचस्पी लें और आपके साथ को-फाउंडर बनने में रुचि लें। ऐसे में अपने लिए एक अच्छे को-फाउंडर का चुनाव कैसे किया जाए? इस सवाल का जवाब तलाशना बहुत मुश्किल है क्योंकि आप किसी को भी अपने साथ काम करने के लिए मजबूर नहीं कर सकते।

यहां हम कुछ विशेषताओं का जिक्र कर रहे हैं जो एक अच्छे को-फाउंडर में होनी चाहिए।

उसका नज़रिया व चीज़ों को समझने की समझ आपसे मिलती हो तभी वह दिलचस्पी के साथ उस समस्या को समझेगा और उसे दूर करने के लिए साथ मिलकर प्रयास करेगा।

आपका और आपके को-फाउंडर का आर्थिक

स्तर और मानसिक स्तर का मेल होना भी बहुत जरूरी है। इससे इंसान की सोच व व्यवहार एक समान रहता है।

आपके को-फाउंडर की समझ ऐसी होनी चाहिए कि वह आपके लक्ष्य को भी गहराई से समझता हो और आपके साथ मिलकर उस लक्ष्य की प्राप्ति के लिए दिल से प्रयास करे।

कोई जरूरी नहीं कि आपका को-फाउंडर ऑल राउंडर हो लेकिन हां उसके अंदर सीखने की लगन होनी चाहिए ताकि जरूरत पड़ने पर कोई नई चीज़ सीखनी हो तो वह दिलचस्पी दिखाए।

देखा गया गया है कई बार लोग Facebook पर अपना CO-FOUNDER तलाशने लगते हैं। ऐसे में कई नॉन सीरियस लोग भी वहां अपने कंमेंट लिख देते हैं। जो कि ठीक नहीं, जब आप ही अपने काम को लेकर गंभीर नहीं होंगे तो लोग भी आपके काम को गंभीरता से नहीं लेंगे। ऐसे में जरूरी है कि आप दूसरों के सामने खुद को गंभीरता से पेश करें। आप उन्हें बताएं कि इस काम से पहले आप क्या करते थे, आपने क्यों नए काम के विषय में सोचा और अब इस काम के माध्यम से आप अपना कौन सा लक्ष्य पूरा करना चाहते हैं। अगर आप इस प्रकार खुद को प्रस्तुत करेंगे तो लोग भी आपको गंभीरता से लेंगे।

अपने विज़न को लोगों के सामने गंभीरता और मजबूती से रखें। आप लोगों को यह यकीन दिलाएं कि आपका प्रोडक्ट तो भविष्य में समय के साथ बदल सकता है लेकिन आपका विज़न स्थिर रहेगा और किसी भी परिस्थिति में वह डगमगाएगा नहीं। यकीन मानिए अगर आप एक बार अपनी एक विस्तारपूर्वक कहानी लोगों के सामने प्रस्तुत करेंगे तो आपको आपके जैसे लोग मिल ही जाएंगे। ऐसा करने के बाद जब लोग आपसे संपर्क साधें तो सबसे पहले आप उस व्यक्ति के बारे में विस्तार से जानें। यह जानें कि उसकी जिंदगी का उद्देश्य क्या है और आपके साथ स्टार्टअप में वह क्यों जुड़ना चाहता है। पहली बात तो यही है कि आप उसके बारे में जानें यदि इस पहले बिंदु पर आप संतुष्ट हैं तो फिर उसके आगे की बातें जैसे कंपनी की नियम व शर्तें क्या हैं? निवेश क्या और कैसा रहेगा? काम की जिम्मेदारी

किस प्रकार बांटी जाएगी। पोस्ट व रैंक का बंटवारा किस प्रकार रहेगा? यदि आपको इस दौरान कहीं भी ऐसा लगे कि उसके अंदर ज्यादा धन कमाने और पद की लालसा है तो उसी समय तुरंत पीछे हट जाइए क्योंकि देर सवेर वह आपको नुक्सान ही देगा। यदि संभव हो तो अपने विश्वास पात्र लोगों को सलाहकार के रूप में अपने साथ जरूर रखें।

अपने उद्देश्य को सोशल मीडिया के माध्यम से लोगों तक पहुंचाए। इस समय सोशल मीडिया पर कई स्टार्टअप ग्रुप्स हैं और कई स्टार्टअप इवेंट्स आजकल आयोजित होते रहते हैं आप इस प्रकार के इवेंट्स में जाएं और वहां लोगों के अनुभवों को जानें, उनके अनुभवों का लाभ लें। उन्हें अपने विषय में बताएं। उनके विजिटिंग कार्ड्स एकत्र करें। सबसे मेलजोल बनाएं। ऐसा करने से आप अपने मक्सद में काफी हद तक कामयाब हो सकते हैं। जल्दबाजी में कोई काम न करें क्योंकि कई बार कुछ चीज़ें दूर से दिखाई देने पर जितनी सुंदर लगती हैं असल में उतनी होती नहीं हैं। और समय आने पर आपको उनसे नुक्सान होता है इसलिए खुद को संयमित रखकर काम करें। अपने को-फाउंडर के साथ एक ओपन रिलेशनशिप रखें जिसमें बंधने के लिए वे बाध्य न हों। जब भी किसी को ऐसा महसूस हो रहा है कि वह मजबूरी में काम कर रहा है तो खुले मन से खुशी-खुशी अलग हो जाएं।

18

स्टार्टअप के लिए पैसे कहा से लाए

लोग बिज़नेस शुरू तो करते हैं लेकिन अधिकतर बिज़नेस, फंड न होने के कारण बंद हो जाते हैं और उनका बिज़नेस business करने का सपना अधूरा रह जाता है। किसी भी स्टार्टअप को तेजी से आगे बढ़ाने के लिए पूंजी एक आवश्यक तत्व है, बिना पर्याप्त पूंजी के स्टार्टअप को बढ़ाने में समस्या आती है। कोई भी स्टार्टअप या बिज़नेस स्टार्ट करना और सबसे बड़ी बात इसके लिए फंड जुटाना fund raising इतना आसान नहीं है लेकिन यदि आप समझदारी से काम लेते हैं और फंडिंग प्राप्त करने के तरीके के बारे में जानकारी रखते हैं तो फिर आप अपने स्टार्टअप startup के सपने को पूरा कर सकते हैं और इसे बहुत आगे तक ले जा सकते हैं। मतलब आपको बस स्टार्ट-अप शुरू करने के लिए एक शानदार आइडिया की जरुरत है बाकी स्टार्टअप के लिए फंडिंग प्राप्त करने के बहुत सारे तरीके हैं तो चलिए जानते हैं उन फंड सोर्स fund Source के बारे में जहाँ से आप बिज़नेस स्टार्टअप के लिए फंडिंग जुटा सकते हैं और स्टार्टअप को आसानी से आगे बढ़ा सकते हैं।

एक व्यवसाय का जीवन चक्र Life cycle of a business

ये सवाल हर किसी के दिमाग में आता है कि स्टार्टअप को या कंपनी को अपनी शुरुआती पूँजी या पैसे कैसे मिलते हैं? क्योंकि शुरुआत कर रही नई कंपनी के पास कोई सुरक्षा पूँजी या पिछली पूँजी नहीं होती जिस पर वह निर्भर रह सके। ये बात सच भी है कि एक स्टार्टअप्स के लिए पैसा जुटाना बहुत ही कठिन काम होता है। बिज़नेस फंडिंग और किसी व्यवसाय के लिए फंडिंग के अन्य विकल्पों को समझने के लिए, सबसे पहले हम किसी व्यवसाय के जीवन चक्र के बारे में जानते हैं। दरअसल किसी व्यवसाय की लाइफ-साइकल या जीवन चक्र एक निश्चित समय में व्यवसाय में हुए सभी परिवर्तनों या प्रगति की एक श्रृंखला है। कोई भी व्यवसाय, उद्योग और लगभग सभी तरह की कंपनियों को अपने जीवन चक्र के दौरान इन निम्न पाँच अलग-अलग चरणों से होकर गुजरना पड़ता है-

1.लॉन्च स्टेज Launch stage

लॉन्च स्टेज या इसे स्टार्टअप स्टेज के रूप में भी जाना जाता है। लॉन्च स्टेज का मतलब है जब कोई कंपनी या व्यवसाय अपना बिज़नेस शुरू करने के लिए सभी कानूनी औपचारिकता या जो भी कंडीशन होती हैं एक स्टार्टअप को करने के लिए उन्हें पूरी कर लेता है। इस स्टेज में कंपनी के प्रोमोटर शुरुआत में इतना पैसा लगाते हैं कि कंपनी अपने पैरों पर खड़ी हो जाए या अपना बिजनेस शुरू कर सके। दरअसल इस स्टेज में कंपनी के प्रोडक्ट या सर्विसेज़ की बिक्री बहुत कम होती है और दूसरी तरफ कंपनी के आय स्रोत भी कम होते हैं, यही वजह है कि लॉन्च स्टेज को अधिकतर लोग सबसे जोखिम और मुश्किल भरा चरण मानते हैं।

2.ग्रोथ स्टेज Growth stage

जब कोई बिज़नेस लॉन्च स्टेज या अपने जोखिम-भरे स्टेज को पार कर लेता है, तो तब वह बिजनेस अपने ग्रोथ स्टेज यानी विकास के चरण में एंट्री ले लेता है। अब इस स्टेज में बिज़नेस की सर्विसेज़ या प्रोडक्ट्स की बिक्री शुरू होती है और धीरे धीरे कंपनी की मार्केट में अपनी खुद की पहचान, प्रतिष्ठा और विश्वसनीयता बनने लगती है और ग्राहकों का दिल जीतने में वह धीरे धीरे कामयाब होती है। फिर अब जैसे ही कंपनी की बिक्री बढ़ती है, तो कंपनी के पास एक स्थिर आय भी आने लग जाती है और इसके साथ ही बिक्री और उसका भुगतान मिलने के बीच का समय भी कम होता जाता है। फिर बिज़नेस को मुनाफ़ा होने लगता है। अब इसके बाद कंपनी का उद्देश्य, मार्केटिंग और अपने प्रोडक्ट्स के उत्पादन में बढ़ोतरी के द्वारा अपना राजस्व बढ़ाना होता है।

3.शेक-आउट स्टेज Shake-out stage

शेक-आउट स्टेज यानि जब कोई बिज़नेस विकास के कई स्तरों को पार कर लेता है, तो तब वह शेक-आउट स्टेज पर पहुंच जाता है। इस स्टेज पर बिजनेस काफी आगे बढ़ चुका होता है। यहां, बिज़नेस की बिक्री तो ऊंचाई छू रही होती है, लेकिन उसकी बिक्री और राजस्व की विकास की दर कम होने लगती है। ऐसा बाजार की संतृप्ति या नए प्रतियोगियों की एंट्री के कारण से हो सकता है। हम कह सकते हैं कि शेक-आउट स्टेज में, बिज़नेस से जुड़ी लागत और खर्च काफी हद तक बढ़ जाता है और इन्हीं खर्चों की वजह से उसका राजस्व या मुनाफा कम हो जाता है। मुनाफ़े बढ़ाने के लिए, आमतौर पर बिज़नेस के खर्च में कटौती की जाती है।

4.मैच्योरिटी स्टेज Maturity stage

इसके बाद जो स्टेज आती है वो होती है मैच्योरिटी स्टेज। मैच्योरिटी स्टेज यानि जब बिक्री, राजस्व और मुनाफा धीरे-धीरे एक निर्धारित रेशियो में मिलने लगे, तो तब बिज़नेस मैच्योरिटी स्टेज पर आ जाता है। जब बिज़नेस इस स्टेज पर आते हैं, तो वह अपने बिजनेस को और अधिक बढ़ाने की कोशिश करते हैं इसके लिए वह नयी टेक्नोलॉजी के साथ अपनी दूसरी अन्य कई ब्रांच खोलने में इन्वेस्ट करना शुरू कर देते हैं। अपने व्यवसाय में विविधता लाते हैं, और नए और उभरते बाजारों में अपने पैर पसारने की कोशिश करते है। मार्केट में

अपने बिजनेस को बढ़ाने के साथ ही कंपनी की ग्रोथ काफी अच्छी होने लगती है।

5. डिकलाइन स्टेज Decline stage

डिकलाइन स्टेज में, बिज़नेस की बिक्री और राजस्व दोनों कम होने लगता है। इस स्टेज से यदि कोई बिज़नेस इस स्टेज से बाहर निकलना चाहता है तो उसे बहुत ज्यादा पैसे लगाने की ज़रूरत पड़ेगी, जो इस स्टेज में हर किसी के लिए संभव नहीं होता है। डिकलाइन स्टेज में कई बार दूसरे सफल व्यवसायों के साथ विलय करना पड़ जाता है या अपने काम को बंद करना पड़ जाता है।

पैसे लाने के तरीक़े

1. बूटस्ट्रैपिंग Bootstrapping द्वारा

बूटस्ट्रैपिंग का अर्थ है खुद से ही फंड की व्यवस्था करना। मतलब शुरुआत में कोई भी आपके स्टार्टअप में पैसे नहीं लगाएगा इसलिए शुरुआत में आपको अपने आप पैसों की व्यवस्था करनी होगी और कम से कम आपको इतने पैसों की व्यवस्था करनी होगी कि आप पहले खुद से अपने स्टार्टअप की शुरुआत कर सकें। भले ही बाद में आपको फंडिंग मिल जाये। मतलब आप अपने स्टार्टअप को तब तक आसानी से चला सकें जब तक आप कहीं से फंडिंग को नहीं जुटा पाते। इसका अर्थ है कि जब आप बिज़नेस स्टार्ट करते हैं तो आपके पास एक ऐसा ज़रिया ज़रूर होना चाहिए जहाँ से आप आसानी से बिना व्याज के पूंजी की व्यवस्था कर सके। इस फण्ड के द्वारा आप अपना ही पैसा बिज़नेस में लगाते हैं। क्योकि जब तक आप अपना पैसा बिज़नेस में नही लगाते तब तक कोई दूसरा आपके बिज़नेस में क्यों पैसा लगाएगा। यह मुख्य रूप से आपकी बचत हो सकती है या आपके दोस्त, जान पहचान वाले, रिश्तेदार, आदि जहाँ से आपको आसानी से बिना व्याज के फंड की व्यवस्था हो जाये। काफी ऐसे बिजनेसमैन हुए हैं जिन्होंने बूटस्ट्रैपिंग के द्वारा ही एक बहुत बड़े स्तर पर विशाल बिज़नेस खड़ा किया है।

2. क्राउड फंडिंग Crowdfunding द्वारा

Crowdfunding एक ऐसा तरीका है जिसके ज़रिए व्यवसायिक उद्देश्यों को पूरा करने के लिए कई इन्वेस्टर्स से छोटी-छोटी रकम जुटाई जाती है। यह ऐसा मंच है जो आम लोगों के सपने पूरे करने में सहायता करता है। जो लोग ऐसी कंपनी को फंड देने के इच्छुक होते है उनसे फंड एकत्रित करके बिज़नेस को विकसित किया जाता है। इसके बदले में आपको भी इनको कुछ देना होता है जैसे किसी प्रोडक्ट पर स्पेशल डिस्काउंट आदि। यहां आप अपना प्रोजेक्ट लिस्ट करते हैं और आपको कितने पैसों की जरूरत है वह बताना होता है। क्राउडफंडिंग से स्टार्टअप और पहली बार बिज़नेस करने वाले लोगों के लिए फंड इकट्ठा करने में मदद मिलती है। जिस व्यक्ति को आपका प्रोजेक्ट पसंद आएगा वह आपको पैसे देता है। साथ ही आपको यह बताना होगा कि आप फंड कैसे और कहां इस्तेमाल करेंगे इसकी पूरी जानकारी देनी होती है। क्राउडफंडिंग के लिए सोशल नेटवर्किंग साइट्स और वेब आधारित प्लेटफार्म्स का इस्तेमाल किया जाता है। भारत के प्रमुख क्राउडफंडिंग प्लेटफॉर्म

में केटो, किकस्टार्टर, कैटापूल्ट, फंडेबल, फ्यूलएड्रीम, विशबेरी, इंडिगोगो, मिलाप, Keto, Kickstarter, Catapult, Fundable, Fueladream, Wishberry, Indiegogo, Milap आदि शामिल हैं।

3. इनक्यूबेटर व एक्सेलेरेटर

Incubator and Accelerator द्वारा

इन्क्यूबेटर व एक्सेलेरेटर प्रोग्राम बिज़नेस के लिए फंड जुटाने के कारगार तरीकों में से एक है। इन प्रोग्राम के द्वारा हर साल बहुत सारे स्टार्टअप को सहायता दी जाती है इसलिए आप इसके जरिए भी फंड जुटा सकते हैं। सरकार की स्टार्टअप पॉलिसी में इनक्यूबेटरस की भूमिका महत्वपूर्ण होती है और वे स्टार्टअप्स को मान्यता प्रदान करने, उनके लिए दिशा निर्देश निर्माण एवं वित्तीय सहयोग प्रदान करने में भूमिका में अदा करते हैं। ये इन्क्यूबेटर्स आपके प्रोडक्ट को तैयार करने में और एक्सेलेरेटर्स बिज़नेस की स्पीड को बढ़ाने में मदद करते हैं। इनक्यूबेटर स्टार्टअप्स को सहयोग तो देते ही हैं साथ ही किसी भी प्रकार की कोई समस्या होने पर उसका निदान भी करते हैं।

4. एंजेल इन्वेस्टर्स Angel Investors द्वारा

Angel Investor, वो लोग होते हैं जो किसी व्यवसाय या स्टार्ट-अप के शुरुआती समय में उसमें निवेश करते हैं और उसके बदले उसमें कुछ हिस्सेदारी लेते हैं। किसी भी स्टार्टअप में फंडिंग लेने का मुख्य स्त्रोत एंजल इन्वेस्टर्स होते हैं। वैसे तो पूंजी एकत्रित करने के बहुत सारे साधन हैं लेकिन स्टार्टअप के शुरुआती दिनों में एंजेल इन्वेस्टर्स एक बहुत बड़ा वरदान साबित होता है। एंजेल के नाम से ही आप समझ सकते हैं कि ये किसी फ़रिश्ते की तरह होते हैं जो हमारा साथ देते हैं। एक स्टार्टअप का विश्वास अपने एंजल पर होता है। एंजेल इन्वेस्टर्स ऐसे व्यक्तियों या कंपनियों को कहते हैं, जिनके पास बहुत पैसे हो और वे किसी बिज़नेस या स्टार्टअप में इन्वेस्ट करना चाहते हों। वे अपने पैसे को निवेश करने के लिए अच्छे विकल्प और स्टार्टअप की तलाश में रहते है। एंजल इन्वेस्टर्स को आकर्षित करने के लिए आपको अपने बिज़नेस की पूरी प्लानिंग उन्हें बतानी होती है और साथ ही एक शानदार पिच देनी होती है। एक-दूसरे के ऑफर्स से संतुष्ट होने के बाद ही कोई डील साइन की जाती है। भारत में भी हैदराबाद एंजेल्स, इंडियन एंजेल्स नेटवर्क, मुंबई एंजेल्स Hyderabad Angels, Indian Angels Network, Mumbai Angels जैसे कई ऐसे इन्वेस्टर्स हैं जो छोटे-बड़े स्टार्टअप को अच्छी फंडिंग देते हैं और एक स्टार्ट-अप को आगे बढ़ाने में मदद करते हैं। स्टार्टअप करने वाले फंडिंग हासिल करने के लिए इनसे संपर्क कर सकते हैं।

5. स्टार्टअप इंडिया Startup India योजना द्वारा

यदि आपके पास एक व्यवसाय शुरू करने का कोई अच्छा आईडिया है जो रोजगार पैदा कर सके तो आप स्टार्टअप इंडिया ऋण के लिए आवेदन कर सकते हैं। दरअसल यह कार्यक्रम प्रधान मंत्री मोदी PM Modi द्वारा एंटरप्रेन्योर की मदद के लिए शुरू किया गया है। आप भी इस योजना का लाभ उठाकर अपने बिज़नेस के लिए फण्ड इक्कठा कर सकते

हैं। इस योजना का मुख्य उद्देश स्टार्टअप करने वाले करने वाले युवाओ की शुरुआत को मजबूत बनाकर स्टार्टअप युवाओ को बैंक के माध्यम से फण्ड उपलब्ध कराना है। यह पहली बार 15 अगस्त, 2015 को भारतीय युवाओं को कारोबार की दिशा में कदम बढ़ाने के लिए शुरू की गई थी।

6. सोसाइटी स्कीम Society Scheme द्वारा

Society Scheme आपसी ग्रुप द्वारा चलाई जाने वाली एक योजना है, इसमें आपसी लोग पैसा इक्कठा करके जिस भी व्यक्ति को जरुरत होती है उसे दे देते हैं। फिर ज़रूरतमंद व्यक्ति इन पैसों से कोई भी स्टार्टअप कर सकता है और इसके बाद वह व्यक्ति धीरे धीरे महीने के हिसाब से थोड़ा-थोड़ा कर के पैसे वापस लौटा देता है। इससे ये लाभ होता है कि आपको जरुरत के समय पैसे मिल जाते हैं और सबसे बड़ी बात आपको इसमें अधिक व्याज नहीं देना पड़ता।

7. बैंक ऋण Bank Loan और NBFCs, MFIs द्वारा

बैंकों द्वारा लोन हासिल करना स्टार्टअप उद्यमों की पहली प्राथमिकता मानी जाती है। मतलब जब भी फंडिंग लेने की बात आती है तो सबसे मुख्य नाम लोन का ही आता है। बैंकों द्वारा धन प्राप्त करना अधिक सुविधाजनक और विश्वसनीय होता है। कई स्टार्टअप अपना बिज़नेस विकसित करने के लिए धन निजी स्रोतों या वित्तीय संस्थानों जैसे कि माइक्रो फाइनेन्स हाउस या वाणिज्यिक बैंकों से प्राप्त करते हैं। इसमें व्याज दर अधिक होती है और स्टार्टअप को मूल राशि और अर्जित ब्याज का भुगतान तय समय पर करना होता है। क्योंकि आपकी कोई फाइनेंशियल हिस्ट्री या कोई क्रेडिट स्कोर नहीं है तो आपके लिए निजी और सार्वजनिक क्षेत्रों के बैंको द्वारा लोन लेना थोड़ा मुश्किल हो सकता है। इसके लिए आप गैर-बैंकिंग वित्तीय कंपनियों (NBFCs) और माइक्रो फाइनेंस इंस्टीट्यूशन Micro Finance Institution (MFIs) से बिना किसी फाइनेंशियल हिस्ट्री या क्रेडिट स्कोर के अपनी आवश्यकताओं के आधार पर अपने स्टार्टअप के लिए बिज़नेस लोन हासिल कर सकते हैं।

8. लाइन ऑफ़ क्रेडिट Line of Credit द्वारा

ये क्रेडिट भी सामान्य ऋण की तरह ही होता है। स्टार्टअप के लिए फण्ड जुटाने का यह भी एक तरीका है। इसमें बैंको या वित्तीय संस्थानों banks or financial institutions द्वारा कंपनियों या सरकारी संस्थानों को ऋण दिया जाता है। मतलब Line of credit एक प्रकार फण्ड होता है। कई उद्योगों द्वारा इसे आयात (Export) निर्यात (Import) में और किसी अन्य देश में बिज़नेस स्टार्ट करने के लिए लिया जाता है। एक बार राशि स्वीकृत हो जाने पर स्वीकृत राशि में से आप जितनी भी चाहे उतनी राशि निकाल सकते हैं।

9. मुद्रा लोन Mudra Loan द्वारा

प्रधान मंत्री मुद्रा योजना Pradhan Mantri MUDRA Yojana (PMMY) के तहत, भारत सरकार ने देश के छोटे कारोबारियों की मदद करने के लिए मुद्रा लोन की व्यवस्था

की है। जिससे पूँजी सम्बन्धी खर्च के साथ-साथ संचालन सम्बन्धी खर्च उठाने में भी मदद मिल सके। यानि मुद्रा लोन के माध्यम से भी फण्ड एकत्रित किया जा सकता है। इस लोन के माध्यम से अधिक-से-अधिक 10 लाख रुपये तक का लोन लिया जा सकता है। मुद्रा लोन, कई कारणों से लिए जा सकते हैं, जैसे, रोज़गार पैदा करने के लिए या इनकम जनरेट करने के लिए। मुद्रा लोन तीन प्रकार के होते हैं - तरुण, किशोर, और शिशु।

शिशु: इस योजना के तहत 50,000 रुपये तक का लोन दिया जाता है।

किशोर: इस योजना के तहत 50,000 रुपये से अधिक और 5 लाख रुपये से कम का लोन दिया जाता है।

तरुण: इस योजना के तहत 5 लाख रुपये से अधिक और 10 लाख रुपये से कम का लोन दिया जाता है।

बस यदि आपके पास कोई बिज़नेस आईडिया है लेकिन फण्ड की कमी है तो आप इस योजना का लाभ ले सकते है।

10. वेंचर कैपिटल Venture Capital द्वारा

स्टार्टअप के लिए वेंचर कैपिटल शुरुआती चरण में धन जुटाने का सबसे लोकप्रिय तरीका है। जो लोग इस तरह की कंपनी में पैसा लगाते हैं, उन्हें वेंचर कैपिटलिस्ट venture capitalist कहा जाता है। वेंचर कैपिटलिस्ट्स इक्विटी यानि हिस्सा लेकर आपके बिज़नेस में पैसा लगाते हैं। ये आईपीओ जारी होने या एक्विजिशन के बाद ही बिज़नेस से हटते हैं। वेंचर कैपिटलिस्ट स्टार्टअप को केवल आर्थिक रूप से सहारा नहीं देते हैं, बल्कि महत्वपूर्ण मामलों में स्टार्टअप का मार्गदर्शन भी करते हैं। वेंचर कैपिटलिस्ट्स समय-समय पर ये भी देखते हैं कि आपका स्टार्टअप सही दिशा में आगे बढ़ रहा है या नहीं। कुल मिलाकर आप वेंचर कैपिटल की मदद से अपने स्टार्टअप के लिए फंड जुटा सकते हैं।

11. सरकारी गोजनाओं Government Schemes द्वारा

भारत सरकार द्वारा भी समय समय पर कई योजनाएं शुरू की गई हैं। इनका मुख्य उद्देशय स्टार्टअप उद्यमों, SMEs, MSMEs को लोन देना है। इन योजनाओं के जरिए आप आसानी से अपने स्टार्टअप के लिए फंड जुटा सकते हैं। सरकार द्वारा शुरू की गई लोन योजनाओं में प्रधानमंत्री मुद्रा योजना (PMMY) के तहत आने वाला मुद्रा लोन जिसके बारे में ऊपर बता दिया गया है, इसके अलावा स्टार्टअप इंडिया, अटल इनोवेशन मिशन, सूक्ष्म और लघु उद्यमों के लिए क्रेडिट गारंटी फंड ट्रस्ट (CGTMSE), स्टैंड-अप इंडिया, मेक इन इंडिया, ट्रेड-रिलेटिड एंटरप्रेन्योरशिप असिस्टेंस एंड डेवलपमेंट (THREAD) आदि शामिल हैं। आप सरकारी योजनाओं का भी लाभ उठा कर अपने स्टार्टअप को एक दिशा देकर आगे बढ़ा सकते हैं।

12. पीयर-टू-पीयर लेंडिंग Peer-to-Peer Lending द्वारा

यदि आपका अच्छा क्रेडिट स्कोर नहीं है तो आप आप पीयर-टू-पीयर लेंडिंग (Peer to Peer Lending) के जरिए भी अपने स्टार्टअप के लिए लोन जुटा सकते हैं। क्योंकि बैंक

और वित्तीय संस्थानों से लोन के लिए फाइनेंशियल हिस्ट्री के साथ-साथ अच्छा क्रेडिट स्कोर होना जरुरी है। पीयर-टू-पीटर लेंडिंग को P2P जाता है। दरअसल पीयर-टू-पीयर लेंडिंग स्टार्टअप उद्यमों के लिए एक तरह का लोन है, जबकि उधारदाताओं के लिए एक प्रकार का इन्वेस्टमेंट। इसमें उधारदाता, उधारकर्ताओं को इन्वेस्टमेंट के रूप में पैसे उधार देते हैं। इसमें दिए जाने वाले लोन की ब्याज दरें बैंक, NBFCs और MFIs की तुलना में अधिक होती है इसलिए उधारदाताओं को इसमें प्रॉफिट मिलता है।

13. सीड फ़ंडिंग Seed Funding द्वारा

Seed Funding मतलब बीज की तरह सबसे छोटी और सबसे पहली फ़ंडिंग। यही वो फ़ंडिंग है जिसके कारण आपका स्टार्टअप आगे बढ़ता है। ये शुरुआती धन राशि होती है। इसमें आपका जानकार, कोई परिवार वाला या कोई दोस्त पैसे नहीं देता है बल्कि पैसे देने वाला कोई अनजान व्यक्ति होता है। जो सीड फ़ंडिंग कर रहा है, उसका विश्वास आप पर नहीं बल्कि आपके प्रोडक्ट पर और आपके स्टार्टअप पर होता है। सीड फ़ंडिंग, सबसे ज़्यादा ज़रूरत के वक्त मिले पैसे होते हैं। इसलिए इनका महत्व भी ज्यादा होता है क्योंकि जब तक आपको अच्छी ख़ासी फ़ंडिंग नहीं मिल जाती तब तक आप इनसे शुरुआत कर सकते हैं। इसमें फ़ंडिंग करने वाला कोई अनजान होता है जो आपके आइडिया में इन्वेस्ट करता है इसलिए इसमें इंवेस्टर को आपके स्टार्टअप का एक हिस्सा मिलता है। यानि जो इंवेस्टर आपकी कंपनी में जितनी शुरुआत में पैसे लगाता है उसे आपके स्टार्टअप का उतना बड़ा हिस्सा मिलता है।

14. सार्वजनिक तौर पर शेयर इश्यू के द्वारा Publicly Through Share Issue

एक कंपनी जब पहली बार अपने इक्विटी शेयरों को बिक्री के लिए जारी कर, सीधे जनता से पूँजी जुटाती है तो कंपनी के फंडिंग के इस तरीके को 'इनिशियल पब्लिक ऑफरिंग (IPO)' Initial Public Offering के रूप में जाना जाता है। IPO के ज़रिये पैसे जुटाने के लिए एक कंपनी को अच्छी तरह से स्थापित होना जरुरी है। इससे जनता को कंपनी पर भरोसा और अपना फायदा दिखता है। जब कोई कंपनी IPO के ज़रिये, अपने शेयरों की सदस्यता के लिए उन्हें लिस्ट करती है, तो डीमैट अकाउंट वाला कोई भी व्यक्ति एक निश्चित कीमत देकर शेयर्स को खरीद सकता है। इस IPO से कंपनी को जो फंडिंग मिलती है, उसका इस्तेमाल अपने बिज़नेस को आगे बढ़ाने के लिए किया जाता है।

15. अपने स्टार्टअप की सेल्फ-फाइनेंसिंग

सेल्फ फाइनेंसिंग या व्यक्तिगत निवेश (Personal Investment) का इस्तेमाल ज़्यादातर बिज़नेस स्टार्टअप द्वारा किया जाता है। इसके अंतर्गत उद्यमी अपने बिज़नेस में खुद ही इन्वेस्ट करते हैं। यह इसलिए भी महत्वपूर्ण माना जाता है क्योंकि जब आप लोन लेते हैं या वेंचर कैपिटलिस्ट या सरकारी संस्थानों से अपने स्टार्टअप के लिए धन उपलब्ध कराने को कहते हैं, तब वे आपसे यह प्रश्न पूछते हैं कि आप स्वयं अपने स्टार्टअप में कितना धन निवेश करेंगे? फर्स्ट-टाइम एंटरप्रेन्योर्स के लिए अपनी बचत का निवेश करना सबसे

अच्छा विकल्प माना जाता है। इसके बाद के चरणों में आप लोन ले सकते हैं।

19

श्रीमंद भगवत गीता के साथ स्टार्टअप

आज हमें जब किसी तथ्यात्मक जानकारी की जरूरत होती है तो हम गूगल को खंगालते हैं. ऐसा लगता है कि हमारा बौद्धिक ज्ञान अथवा विकास गूगल के इर्द-गिर्द ही फंस कर रह गया है. यद्यपि हमारे प्राचीन ग्रंथों वेद, पुराण, महाभारत और भगवद गीता इत्यादि में जीवन के सारे तथ्य समाहित हैं. इन्हीं में से एक भगवद गीता भी किसी खजाने से कम नहीं हैं. यहां हम भगवद गीता के ही कुछ श्लोक पर प्रकाश डालेंगे, इन श्लोकों से आज के व्यवसायी खासकर स्टार्टअप्स बहुत ज्ञान हासिल कर सकते हैं.

भारतीय इतिहास में लिखे गए महाकाव्य ग्रंथों में से एक भगवद गीता- भगवान का गीत है।

भगवद गीता एक वर्णनात्मक शास्त्र है जो अर्जुन और सर्वशक्तिमान भगवान कृष्ण के बीच गहन बातचीत पर आधारित है। पवित्र गीता के माध्यम से, भगवान कृष्ण ने अर्जुन और हम सभी को छोटे-छोटे संदर्भों से प्रबुद्ध किया और हमें जीवन का सबसे मूल्यवान पाठ दिया।

चाहे आप अपना कॉलेज जीवन शुरू करने वाले हों या कोई नया व्यवसाय शुरू करने वाले हों, गीता के पाठ आपका मार्गदर्शन कर सकते हैं।

मेरे दृष्टिकोण से गीता पढ़ने के बाद, यहाँ कुछ अद्भुत व्यावसायिक पाठ हैं जिनका उपयोग हम सभी वास्तव में अपने पेशेवर जीवन में कर सकते हैं।

पाठ 1:

आपको अपने निर्धारित कर्तव्यों को करने का अधिकार है, लेकिन आप अपने कर्मों के फल के हकदार नहीं हैं। कभी भी स्वयं को अपने कर्मों के फल का कारण मत समझो और न ही अकर्म में आसक्त रहो।

भगवद गीता का यह श्लोक कहता है कि हमें कर्म करते समय फल की आशा नहीं रखनी चाहिए। इसके बजाय, हमें उस काम को हर संभव तरीके से उत्तम बनाने के लिए अपना

सर्वोत्तम प्रयास करना चाहिए।

पीएस - हमें पुरस्कार के लिए काम नहीं करना चाहिए। आपको अपने और अपने विवेक के लिए कड़ी मेहनत करनी चाहिए और जब और जैसा उन्हें करना होगा, उसका प्रतिफल मिलेगा।

पाठ 2:

नेताओं को विकट चुनौतियों से बचने के बजाय गले लगाना चाहिए क्योंकि यह एक नेता की सबसे बड़ी ताकत को सामने लाता है।

भगवद गीता के अनुसार, एक नेता को दृढ़ निश्चयी होना चाहिए और उस पर ध्यान केंद्रित करना चाहिए कि उसे क्या करना है। उसे रास्ते में बाधाओं या सुखों से परेशान नहीं होना चाहिए। उसे इच्छाशक्ति और दृढ़ता के साथ सही रास्ते पर चलना चाहिए।

पुनश्च - परीक्षण के समय एक नेता से सर्वश्रेष्ठ प्राप्त करते हैं।

पाठ 3:

हे अर्जुन, सफलता और असफलता के मोह को त्यागकर अपने कर्तव्य के पालन में दृढ़ रहो। ऐसी समता को योग कहते हैं।

जीवन के दो पहलू हैं: सफलता और असफलता। लेकिन जब ये दो पहलू हमारे पेशेवर जीवन का हिस्सा बन जाते हैं, तो ये हमारे मानसिक स्वास्थ्य को प्रभावित करने लगते हैं। सफलता हमें अत्यधिक खुशी दे सकती है लेकिन असफलता हमें तोड़ने की क्षमता रखती है।

पुनश्च - सबक यह है, हमें हर स्थिति के परिणाम को अपने समर्पण और अपनी मानसिक शांति को प्रभावित नहीं करने देना चाहिए। सफलता और असफलता दोनों ही हमारी यात्रा का हिस्सा हैं।

पाठ 4:

कृष्ण प्रभावी नेतृत्व के लिए आवश्यक तीन विशिष्ट विषयों को परिभाषित करते हैं: सीखने का अनुशासन, प्रभावी ढंग से बोलने का अनुशासन और समभाव का अनुशासन।

एक नेता में निम्नलिखित गुण होने चाहिए - प्रत्येक कार्य के प्रति सीखने की प्रवृत्ति, अपने विचारों को प्रभावी ढंग से पहुँचाना, बिना पूर्वाग्रह के दल को संगठित करना।

पुनश्च - एक नेता होना केवल ज्ञान के बारे में नहीं है, यह एक टीम को अच्छी तरह से प्रबंधित करने के बारे में भी है।

पाठ 5:

अपने मन की शक्ति के द्वारा स्वयं को ऊपर उठाएं, न कि स्वयं को नीचा दिखाएं, क्योंकि मन स्वयं का मित्र भी हो सकता है और शत्रु भी।

भगवद गीता का यह श्लोक हमें कुछ आत्मनिरीक्षण करने और हमारे मन की स्वाभाविक स्थिति की खोज करने का सुझाव देता है। यह कहता है कि हमें हर निर्णय शांत और स्थिर मन की स्थिति में लेना चाहिए। न तो खुशी और न ही दुख हमारे फैसलों को प्रभावित करना चाहिए।

पीएस - मन दोस्त या दुश्मन हो सकता है। इसलिए यह हमेशा बेहतर होता है कि आप सकारात्मक सोचें और अपनी दिमागी शक्ति का बेहतर इस्तेमाल करें।

पाठ 6:

एक नेता की असली परीक्षा उच्च दबाव की स्थिति में भी खुद को शांत और शांत रखना है।

जैसे कृष्ण चाहते थे कि पांडव कौरवों के खिलाफ जीतें लेकिन उन्होंने कभी भी अपना धैर्य नहीं खोया और पांडवों को हर पहलू में मार्गदर्शन दिया, उसी तरह एक अच्छे नेता को करना चाहिए। उन्हें अपनी टीम का नेतृत्व करने के लिए बेहद शांत और संगठित होना चाहिए।

पुनश्च - हर कोई कठिन समय से गुजर रहा है लेकिन एक नेता का कर्तव्य है कि वह सभी को साथ रखे और चीजों को आगे बढ़ाए।

पाठ 7:

यज्ञ, दान और तप पर आधारित कर्मों का कभी त्याग नहीं करना चाहिए; उन्हें निश्चित रूप से निष्पादित किया जाना चाहिए। निश्चय ही यज्ञ, दान और तप के कर्म बुद्धिमानों के लिए भी पावन करने वाले हैं।

भगवद गीता कहती है कि हमें दुनिया को हर संभव तरीके से वापस देना चाहिए। इसलिए, हमें वापस देने के लिए पर्याप्त उदार होना चाहिए।

पुनश्च - इसलिए यदि आप ऐसे व्यक्ति हैं जिनके सिर पर छत है और आपकी थाली में भोजन है, तो आप जिस भी तरीके से कर सकते हैं, दूसरों की मदद करें। यह आपको जमीन से जोड़े रखेगा और किसी का दिन बना देगा।

पाठ 8:

एक नेता को हमेशा अपना ज्ञान साझा करना चाहिए और उसे सुलभ होना चाहिए।

एक नेता को कभी अलग नहीं दिखना चाहिए। उन्हें अपने शिष्यों को पढ़ाने के लिए एक अच्छा गुरु और उन्हें अपने साथ आगे ले जाने के लिए एक अच्छा मित्र होना चाहिए।

पीएस - अपनी टीम के साथ कभी प्रतिस्पर्धा न करें। आप जो कुछ भी जानते हैं उन्हें सिखाने के लिए तैयार रहें और उन्हें सफल होने में मदद करें।

पाठ 9:

हे पार्थ जब बुद्धि सत्वगुणी कहलाती है, जब वह समझ जाती है कि उचित कर्म क्या है और अनुचित कर्म क्या है, कर्तव्य क्या है और अकर्तव्य क्या है, किससे डरना चाहिए और क्या नहीं डरने के लिए, क्या बाध्यकारी है और क्या मुक्ति है।

इस शास्त्र से लेने के लिए यह सबसे महत्वपूर्ण और मूल्यवान सबक है - यह कहता है कि हमें प्राथमिकता देने को प्राथमिकता देनी चाहिए। हमें स्वयं सीमाएँ निर्धारित करनी चाहिए और अपने दिमाग में स्पष्ट रहना चाहिए कि पहले क्या संभालना है।

पीएस - निर्मम प्राथमिकता कार्यों के संगठन में मदद करती है।

पाठ 10:

वह दृढ़ संकल्प जो योग द्वारा विकसित होता है, और जो मन, जीवन-वायु और इंद्रियों की गतिविधियों को बनाए रखता है, सतोगुण में दृढ़ संकल्प कहा जाता है।

जीवन में हमें काम कैसे चुनना चाहिए?

जिंदगी में हरेक व्यक्ति को अपने स्वभाव के अनुसार काम का चयन करना चाहिए ना की किसी दूसरे के काम को देखकर. जिस काम को करने में आपको खुशी मिलती हो उसी काम को करें. ठीक उसी तरह किसी भी कारोबार (Business Startup) को शुरू करने से पहले यह जरूर ध्यान में रखें की क्या आपकी उस प्रोडक्ट में दिलचस्पी है. क्योंकि जब तक आपका उस काम में मन नहीं लगेगा तब तक आप अपने कारोबार में सफल नहीं हो पाएंगे. इसलिए किसी भी कारोबार को शुरू करने से पहले अच्छे से सोच-विचार कर लें.

फल की इच्छा न करें-

भगवद गीता में लिखा हुआ है कि मनुष्य जैसा कर्म करता है उसे उसके अनुरूप ही फल की प्राप्ति होती है. वर्तमान में लोग किसी भी काम को शुरू करने से पहले ही उसके रिजल्ट के बारे में सोचने लगते है. ठीक ऐसे ही किसी कारोबार को शुरू करने से पहले अगर उससे होने वाले मुनाफे की चिंता की जायें तो सफलता दूर हो सकती है. इसलिए जरूरी है कि प्रॉफिट के बारे में ना सोचकर अपने बिजनेस को बढ़ाने पर ध्यान दें.

जिंदगी में कभी लालच ना करें:

अक्सर देखा जाता है कि लोग लालच के चक्कर में अपनों के साथ धोखा कर बैठते हैं, जिसका पछतावा उन्हें बाद में होता है. श्रीमद भगवद गीता में लिखा हुआ है कि जिस भी व्यक्ति ने लालच पर नियंत्रण पा लिया उसे सफल होने से कोई नहीं रोक सकता. अगर आप खुद का बिजनेस कर रहे है तो, भूलकर भी लालच ना करें, क्योंकि अधिक लालच की वजह से आप गलत रास्ते पर चल सकते है. ऐसे में कारोबार पूरी तरह से तहस-नहस हो सकता है. इसलिए ईमानदारी के साथ ही अपने बिजनेस को आगे बढ़ने की कोशिश करें.

खुद पर संयम रखें-

पवित्र ग्रंथ में लिखा हुआ है कि- 'क्रोध से भ्रम पैदा होता है, भ्रम से बुद्धि व्यग्र होती है. जब बुद्धि व्यग्र होती है तब तर्क नष्ट हो जाते हैं. जब तर्क नष्ट होते हैं तो व्यक्ति का पतन शुरू हो जाता है.' यानी किसी भी परिस्थिति में अपने आप पर काबू रखे. गुस्से में आकर कोई कदम नहीं उठाये, न ही कुछ बोले. गुस्से में बात बनने की जगह बिगड़ जाती है, इसलिए कारोबार करते समय भी अपने गुस्से पर सयम बना कर रखें, ताकि आपके ग्राहक हमेशा आपसे खुश रहे. क्योंकि कारोबार में ग्राहक ही सबकुछ होता है.

गुस्से पर काबू -

'क्रोध से भ्रम पैदा होता है. भ्रम से बुद्धि व्यग्र होती है. जब बुद्धि व्यग्र होती है तब तर्क नष्ट हो जाता है. जब तर्क नष्ट होता है तब व्यक्ति का पतन हो जाता है.'

Gita updesh

धरती पर जिस प्रकार मौसम में बदलाव आता है, उसी प्रकार जीवन में भी सुख-दुख आता जाता रहता है।

~ लोग आपके अपमान के बारे में हमेशा बात करेंगे। सम्मानित व्यक्ति के लिए, अपमान मृत्यु से भी बदतर है।

~ आत्म-ज्ञान की तलवार से अपने हृदय से अज्ञान के संदेह को काटकर अलग कर दो। उठो, अनुशासित रहो।

सफलता जिस ताले में बंद रहती है वह दो चाबियों से खुलती है। एक कठिन परिश्रम और दूसरा दृढ संकल्प ।

~ मैं भूतकाल, वर्तमान और भविष्य काल के सभी जीवों को जानता हूं, लेकिन वास्तविकता में मुझे कोई नही जानता है।

~ जो दान कर्तव्य समझकर, बिना किसी संकोच के, किसी जरूरतमंद व्यक्ति को दिया जाए, वह सात्विक माना जाता है।

~ जो पुरुष सुख तथा दुख में विचलित नहीं होता और इन दोनों में समभाव रहता है, वह निश्चित रूप से मुक्ति के योग्य है।

~ कर्म वह फसल है जिसे इंसान को हर हाल में काटना ही पड़ता है इसलिए हमेशा अच्छे बीज बोए ताकि फसल अच्छी हो।

~ जो लोग भक्ति में श्रद्धा नहीं रखते, वे मुझे पा नहीं सकते। अतः वे इस दुनिया में जन्म-मृत्यु के रास्ते पर वापस आते रहते हैं।

~ मैं धरती की मधुर सुगंध हूँ, मैं अग्नि की ऊष्मा हूँ, सभी जीवित प्राणियों का जीवन और सन्यासियों का आत्मसंयम भी मैं ही हूँ।

~ वह जो सभी इच्छाएं त्याग देता है और "मैं" और "मेरा" की लालसा और भावना से मुक्त हो जाता है उसे शान्ति प्राप्त होती है।

~ मेरे लिए ना कोई घृणित है ना प्रिय, किन्तु जो व्यक्ति भक्ति के साथ मेरी पूजा करते हैं, वो मेरे साथ हैं और मैं भी उनके साथ हूँ।

~ मनुष्य को जीवन की चुनौतियों से भागना नहीं चाहिए और न ही भाग्य और ईश्वर की इच्छा जैसे बहानों का प्रयोग करना चाहिए।

स्टार्टअप के साथ चाणक्य नीति

आचार्य चाणक्य ने नीति शास्त्र जिसे चाणक्य नीति के नाम से जाना जाता है, ग्रंथ में बिजनेस करने और उसे बढ़ाने को लेकर तमाम बातें कही हैं. यहां जानिए वो खास बातें, जो आपके लिए काफी काम की साबित हो सकती हैं.

गुण धारण करें, कठोरता नहीं – चाणक्य ने अपने एक उपदेश में "चन्दनानपि दावोऽग्निर्दहत्येव" का उल्लेख किया है। (चन्दनपि दावोआग्नि धायत्वे)। इसका अर्थ है कि जंगल की आग सब कुछ नष्ट कर देती है, यहाँ तक कि चंदन जैसे पेड़ भी। इन शब्दों से संकेत मिलता है कि बाहरी वातावरण के कारण बड़ी क्षमता और क्षमताओं वाले लोग भी समझौता कर लेते हैं। हमें कभी भी परिवर्तन से विमुख नहीं होना चाहिए।

चंदन के पेड़ में कई गुण होते हैं लेकिन यह किसी भी अन्य पेड़ की तरह कठोर होता है। इसलिए यह जंगल की आग में खुद को सुरक्षित नहीं रख सकता है। उद्यमी को गुणों में चंदन के पेड़ की तरह होना चाहिए लेकिन कठोर नहीं होना चाहिए। जब बदलने की जरूरत हो तो उन्हें बदल देना चाहिए। हमेशा अहंकार पर ज्ञान को प्राथमिकता दें। पेड़ की तरह दृढ़ और लता की तरह लचीले बनो।

हमने ऐसे कई उदाहरण देखे हैं जहां संस्थापक अपने उत्पाद को बदलते/संशोधित करते हैं। फ्लिपकार्ट शुरू में एक पुस्तक विक्रेता था, स्नैपडील एक बार एक दैनिक सौदों का मंच था, और अपेक्षाकृत एक बहुत ही नया स्टार्टअप - निफ़लर, ने भी केवल बेहतर होने के लिए अपनी स्थिति बदल दी। एक संस्थापक ने एक बार उल्लेख किया था "अपनी विचारधारा से प्यार करना महत्वपूर्ण है, लेकिन अपने विचार से नहीं क्योंकि विचार विकसित होते हैं"।

कठोरता के कारण चीजें टूट जाती हैं। दृढ़ रहें लेकिन कठोर नहीं।

चलो इसे कल नहीं करते - केवल आलसी शिथिलता करता है। आलसी के लिए, चाणक्य ने "न भृत्यान प्रेश्यति" (न भृत्यान प्रेश्यति) का उल्लेख किया है, जिसका अर्थ है कि एक आलसी व्यक्ति आदेश देने में विफल रहता है। आलसी होना न केवल आपके विकास की क्षमता को सीमित करता है बल्कि आप जो चाहते हैं उससे भी आपको वंचित करता है। एक मिशन होना ही काफी नहीं है; इस दिशा में समयबद्ध तरीके से काम करने से ही फर्क पड़ता है।

इस स्टार्टअप बैंडवैगन में हर कोई निवेशकों का हिस्सा हड़पने के लिए दौड़ रहा है। निवेशकों के फंड उन्हें फर्क करने में मदद कर सकते हैं। विचार शायद ही अद्वितीय हों; गति क्या मायने रखती है। समय एक लक्जरी स्टार्टअप संस्थापक निश्चित रूप से बर्दाश्त नहीं कर सकता है। टैक्सी4श्योर देर से आया लेकिन अन्य खिलाड़ियों के होने के बावजूद खुद को स्थापित किया। हालाँकि, यह केवल एक बार निवेशकों से धन की खरीद नहीं कर सका और इसलिए इसे OLA को बेच दिया गया।

अपने आप को दोहराते हुए, समय कोई विलासिता नहीं है जो हमारे पास है।

आलस्य दूर करने के उपाय

खराब स्वास्थ्य आलस्य को बढ़ावा देता है। इसलिए सावधानी से खाएं, रोजाना कसरत करें और समय पर सोएं।

जब एकरसता में हों, तो अपने काम में रुचि जोड़ें या खुद को दिलचस्प काम से जोड़ें।

खुद को प्रेरित करते रहें, क्योंकि उद्यमी 'सोचने में मुश्किल' लक्ष्य हासिल करते हैं।

!!विलंब विलंब !!

नो पीडीए (क्रोध का सार्वजनिक प्रदर्शन) - चाणक्य के शब्दों में "संसदी शत्रु न परिक्रोशेत्" (संसदी शत्रु न परिकोशेत)

एक संस्थापक के रूप में, व्यक्ति को हमेशा एक स्थिर और विश्वसनीय व्यक्ति के रूप में सामने आना चाहिए। यह न केवल किसी के प्रभावी निर्णय लेने के लिए महत्वपूर्ण है बल्कि आपको अपने सहयोगियों के सामने सम्मान हासिल करने में भी मदद करता है। पीडीए आपके इरादों को दूर कर देता है, आपके प्रतिद्वंद्वी को सचेत करता है, और आपको जवाबी हमले के लिए कमजोर बनाता है।

आधुनिक समय के आलोक में, हम निवेशकों के लिए राहुल (Housing.com के पूर्व-सीईओ) के पीडीए पर विचार कर सकते हैं, जिसके कारण अंततः उन्हें उनके द्वारा शुरू की गई कंपनी के बोर्ड से बाहर कर दिया गया। कुछ लोग यह तर्क दे सकते हैं कि अब राहुल एक यूथ-आइकन हैं, लेकिन समस्या इसके परिणाम में है। एक स्टार्टअप में, निवेशक विचार की तुलना में संस्थापकों में अधिक निवेश करते हैं (कम से कम शुरुआत में)। राहुल एक और उत्पाद बनाने और वादे के मुताबिक 100 गुना बढ़ने में सक्षम हो

सकते हैं, लेकिन निवेशकों के बिना यह मुश्किल होगा। अब निवेशक न केवल विचार और इसकी व्यवहार्यता के बारे में सोचेंगे बल्कि राहुल यादव के रवैये की समस्या पर भी विचार करेंगे।

को हि भार: समर्थनां किं दूरं व्यवसायिनाम्।

को विदेश: सविद्यानां क: पर: प्रियवादिनाम्।।

अर्थात समर्थवान के लिए कोई कार्य असंभव नहीं है. व्यापारियों के लिए कोई भी स्थान दूर नहीं है. विद्वानों के लिए देश की सीमाएं अर्थहीन हैं और मधुर वाणी बोलने वालों के लिए कोई भी पराया नहीं है.

चाणक्य के इस श्लोक का अभिप्रय ये है कि जो लोग व्यापार के क्षेत्र में सफल होना चाहते हैं उन्हें पहले दिल और दिमाग से यह निकाल देना चाहिए कि वे एक निर्धारित स्थान पर ही सफल हो सकते है. चाणक्य ने व्यापारी को साहसी मानते हुए कहा कि एक सफल व्यापारी के लिए भूगौलिक सीमाए मायने नहीं रखती हैं व्यापारी को जहां भी लाभ की स्थिति नजर आए वहां पर व्यापार करना चाहिए. इसलिए उन्होंने कहा कि व्यापारी के लिए कोई भी स्थान न तो दूर है और न ही दुर्गम.

चाणक्य की इस बात को जिसने समझ लिया और जीवन में उतार लिया उसे सफल होने से कोई नहीं रोक सकता है. इसके अतिरिक्त चाणक्य ने एक और महत्वपूर्ण बात अपनी चाणक्य नीति में कही है उसे भी जान लेना चाहिए-

धनिक: श्रोत्रियो राजा नदी वैद्यस्तु पंचम।

पंच्च यत्र न विद्यंते न तत्र दिवसं वसेत्।।

यानि धनवान, शिक्षाविद्, विद्वान, योग्य राजा नदी और वैद्य न हों तो ऐसे स्थान या फिर देश में नहीं रहना चाहिए. चाणक्य के अनुसार व्यापार वहीं करना चाहिए पर ये सभी चीजें उपलब्ध हों. क्योंकि धनवान नहीं होंगे तो वहां व्यापार को कोई अर्थ नहीं, इस प्रकार जहां विद्वान और कुशल राजा होंगे वहां नीति और नियमों का वर्चस्व होगा, शोषण नहीं होगा. वैद्य यानि स्वास्थ्य सेवाएं बेहतर होंगी वह व्यापार करने में दिक्कत नहीं होगी. ये सभी चीजें मिलकर व्यापार के लिए एक सुखद वातावरण का निर्माण करती हैं.

फायदे और नुकसान का आकलन करें

आचार्य चाणक्य का कहना था कि जिस काम को भी आप शुरू करने जा रहे हैं, उसके बारे में अच्छी तरह से आपको पता होना चाहिए. बिजनेस के लिए सही जगह, प्रतिद्वंदी आदि से जुड़ी पूरी जानकारी होनी चाहिए. इसके लिए अच्छी तरह से पहले मार्केट को समझें. इसके अलावा आपके पास बिजनेस का पूरा प्लान होना चाहिए, यानी आपका विजन एकदम क्लीयर होना चाहिए. साथ ही फायदे और नुकसान का आकलन करना जरूरी है. खुद से ये सवाल करें किअगर किसी कारण से बिजनेस नहीं चल पाया तो क्या आप उसके नुकसान को झेल पाएंगे? सारी चीजों से संतुष्ट होने के बाद ही काम की शुरुआत करें. इसके अलावा दूसरा विकल्प हमेशा अपने पास रखें.

नकारात्मक लोगों की बात पर ध्यान न दें

आचार्य का मानना था कि जब आप कोई काम शुरू करते हैं तो शुरुआत में आपको ऐसे कई लोग मिलेंगे, जो आपका मनोबल गिराने की बात कहेंगे. ऐसे नकारात्मक लोगों की बात पर ध्यान न दें. अगर आपको विश्वास है कि आप अपना काम अच्छी तरह से कर रहे हैं और आप सफल जरूर होंगे, तो काम को पूरी शिद्दत से करते रहें.

दूसरों को भनक न लगने दें

अगर आप नया काम शुरू करने के बारे में आप सोच रहे हैं, दूसरों को इस बात की भनक भी न लगने दें. न ही अपनी प्लानिंग को दूसरों से शेयर करें. आपसे द्वेष रखने वाले भी तमाम लोग होते हैं, जो आपके काम में बाधा डालने का प्रयास करते हैं.

बीच में न रोकें

अगर आपने कोई काम शुरू कर ही दिया है, तो उसे पूरी लगन से आगे बढ़ाएं, दूसरों की बातों से प्रभावित होकर काम को न रोके. ध्यान रखें कि पौधे को बड़ा करने में थोड़ा समय

लगता है. आपका बिजनेस भी थोड़ा समय लेगा, ऐसे में आपके अंदर धैर्य का होना बहुत जरूरी है. पूरी मेहनत और लगन से अपना काम करें. आचार्य का मानना था कि आगे बढ़ने के लिए कई बार आपको कठिन फैसले लेकर जोखिम लेना पड़ता है.

वाणी को मधुर रखें

वाणी अगर मधुर हो, तो कोई भी काम आसानी से पूरा कराया जा सकता है. व्यापार करते समय इस बात का विशेष तौर पर खयाल रखना चाहिए. कड़वे वचन बोलने वाले लोग कभी व्यापार नहीं कर सकते. आपकी मीठी वाणी ही लोगों को आपसे जोड़ती है और इससे बड़े-बड़े काम बन जाते हैं.

मामलों को संभालने में विनम्र रहें

"विनम्रता एक ऐसा गुण है जिसकी अपेक्षा मूर्खों से नहीं की जा सकती।"

विश्वास पैदा करने और एक टीम बनाने के लिए कार्यस्थल में विनम्र होना अत्यंत महत्वपूर्ण है। कई कठिन परिस्थितियाँ हैं जो कार्यस्थल पर लोगों पर फेंकी जाती हैं। व्यक्ति को अपना आपा नहीं खोना चाहिए और चतुराई से काम करते रहना चाहिए। कार्यस्थल पर शांत रहने से टीम को नापसंद किया जा सकता है। चूंकि, अधिकांश कार्यस्थल टीम उन्मुख होते हैं, इसलिए टीम के भीतर संघर्ष करना किसी के भी हित में नहीं है। हालांकि, कार्यस्थल पर शांत रहने और विनम्र रहने की एक साधारण सी सलाह शायद उतनी आसान नहीं है, जितनी लगती है।

आवश्यकता पड़ने पर ही बोलना पुण्य है

"जो मनुष्य एक वर्ष तक मौन रहकर केवल खाने के लिये मुंह खोलता है, वह एक करोड़ वर्षों तक स्वर्ग के सारे सम्मान पाता है।"

चाणक्य कार्यस्थल पर आवश्यक होने पर ही बोलने के महत्व पर प्रकाश डालते हैं। कार्यस्थल की राजनीति से बाहर रहने के लिए यह एक आवश्यक रणनीति है जो कार्यालयों में व्याप्त है। जब आवश्यक हो तब ही बोलना आपको अन्य विकर्षणों पर ध्यान केंद्रित करने के बजाय काम पर ध्यान केंद्रित करने में मदद करता है। यह गुण आपको लंबे समय में एक मजबूत नेता के रूप में उभरने में मदद कर सकता है और यह आपकी

टीम के अन्य लोगों से अलग दिखने में भी आपकी मदद कर सकता है। बेवजह बोलने से विपरीत असर हो सकता है, आपकी टीम के लोग सोच सकते हैं कि आप मज़ाक बढ़ा रहे हैं और उनके काम में रुकावट पैदा कर रहे हैं। यदि आप बहुत अधिक अनावश्यक बातचीत करते हैं तो आप टीम के सदस्यों का सम्मान खो सकते हैं। इसलिए, जब आवश्यक हो तभी बोलना कार्यस्थल में एक मजबूत गुण हो सकता है

व्यक्ति की स्थिति महत्वपूर्ण नहीं है, प्रभाव मायने रखता है

"एक हाथी आकार में एक विशालकाय होता है लेकिन एक छोटा सा अंकुश उसे नियंत्रण में रखता है। एक छोटा सा दीपक बहुत सारे अंधेरे को नष्ट कर देता है। एक पहाड़ को हथौड़े के बार-बार वार से तोड़ा जा सकता है। एक अंकुश, एक दीपक या एक हथौड़ा कोई भी हो सकता है।" आकार में क्रमशः हाथी, अँधेरे और पहाड़ से मेल खाता है?"

चाणक्य इस बात पर प्रकाश डालते हैं कि एक व्यक्ति अपने पद तक पहुँचने के बजाय इस दुनिया पर जो प्रभाव डालता है, उस तक पहुँचना महत्वपूर्ण है। यह व्यावसायिक वातावरण पर लागू होता है क्योंकि ऐसे कई लोग हो सकते हैं जो नेतृत्व की स्थिति में नहीं हैं लेकिन एक मजबूत प्रभाव पैदा कर रहे हैं। चाणक्य हमें इन लोगों का सम्मान करने के लिए कहते हैं क्योंकि उनका प्रभाव उन्हें शक्तिशाली पदों पर पहुंचा सकता है। उद्धरण भी नेताओं या सत्ता के पदों पर बैठे लोगों को बहुत अहंकारी नहीं होने की चेतावनी देता है। उनके साथ काम करने वाले लोगों के प्रति विनम्र होना उनके लिए महत्वपूर्ण है। दृष्टिकोण हमेशा विनम्रता का होना चाहिए। कंपनी के वरिष्ठ प्रबंधन में शामिल लोगों के लिए यह महत्वपूर्ण है कि वे दूसरों के प्रति अधिक सम्मानपूर्ण व्यवहार करें। हालांकि वे आकार या शक्ति के मामले में समान नहीं हो सकते हैं, यह महसूस करना महत्वपूर्ण है कि प्रभाव पैदा करना हर किसी के लिए संभव है।

हाथी और अंकुश के उदाहरण के साथ चाणक्य भी आपको सलाह दे रहे हैं कि परिस्थितियों से कभी न डरें और उनसे निपटने के लिए मजबूत बनें। आपको कभी भी आत्मविश्वास नहीं खोना चाहिए और खुद को छोटा समझना चाहिए। कोई भी स्थिति बहुत बड़ी नहीं होती। आपके पास एक शक्ति हो सकती है जिसे आप पहली बार में नहीं पहचानते।

तुरंत संतुष्टि का विकल्प न चुनें, सफलता कदम दर कदम आती है

"बूँद-बूँद से घड़ा भर जाता है। इसी तरह धीरे-धीरे धन संग्रह, ज्ञान और अच्छे कर्म बड़े खजाने बन जाते हैं।"

चाणक्य चेतावनी देते हैं कि जब व्यापार की बात आती है तो तत्काल संतुष्टि जैसा कुछ नहीं होता है। सफलता एक बार में नहीं मिलती, यह बूंद-बूंद करने की प्रक्रिया है। चाणक्य यहां लोगों को सीख की सराहना करने की सलाह दे रहे हैं जो व्यक्तिगत जीवन में एक बड़ा खजाना है। सीखना व्यक्तिगत विकास का प्रतिनिधित्व करता है। अगर आप धैर्य रखने की इच्छा के बिना तत्काल सफलता की उम्मीद कर रहे हैं, तो संभावना है कि आप असंतुष्ट होंगे। साथ ही, यदि आप अपने रास्ते में आने वाली सफलता की हर बूंद की सराहना करने को तैयार हैं, तो आप जीवन में अधिक प्रेरित होंगे और अपने लक्ष्य को प्राप्त करेंगे।

नए सिरे से शुरुआत करने में कभी देर नहीं होती

"बीते हुए लोगों को चिंता न करने दें और भविष्य से न डरें। बुद्धिमान लोग वर्तमान का सदुपयोग करने पर ध्यान केंद्रित करते हैं।"

अपने करियर में कई बार, हम एक पड़ाव बिंदु पर पहुंच जाते हैं, जहां हम जो करते हैं उसमें रुचि नहीं रखते हैं और हम नए सिरे से शुरुआत करना चाहते हैं। चाणक्य के अनुसार, वर्तमान के बारे में सोचना और जो हमें खुश करता है उसके साथ आगे बढ़ना सबसे अच्छा है। अगर हम पिछली गलतियों या असफलताओं के बारे में चिंता करते रहेंगे, तो एक नई शुरुआत करना आसान नहीं होगा। इसलिए जीवन में नई छलांग लगाने के लिए न केवल साहस होना जरूरी है, बल्कि अतीत के बारे में सोचना बंद करना भी जरूरी है। चाणक्य उन लोगों को बुद्धिमान मानते हैं जो एक नई शुरुआत करने में सक्षम हैं।

नौकरी बनाम उद्यमिता

नौकरी और व्यापार के बारे में

एक नौकरी को आसानी से परिभाषित नहीं किया जा सकता है। यह अंशकालिक या पूर्णकालिक कार्य के रूप में सबसे अच्छा वर्गीकृत है। नौकरी को बस समय पर काम पूरा करने की जिम्मेदारी या कर्तव्य के रूप में पहचाना जाता है। नौकरी आपको एक निश्चित वेतन प्रदान करती है।

हालांकि, नौकरी के सबसे महत्वपूर्ण पहलुओं में से एक यह है कि कर्मचारी के ऊपर हमेशा कोई होता है जो कर्मचारी की कार्य रिपोर्ट के अनुसार कर्मचारी वेतन या पारिश्रमिक निर्धारित करता है।

नौकरी में चुनौतियाँ

जब रोजगार और व्यावसायिक समस्याओं के बीच अंतर को परिभाषित करने की बात आती है, तो आपको यह ध्यान रखना चाहिए कि आप जिस पदोन्नति की इच्छा रखते हैं, उसके लिए हमेशा कड़ी प्रतिस्पर्धा होगी। नौकरी बदलना एक और कठिन निर्णय है। आप उन संगठनों से मिल सकते हैं जिनके मूल्य आपसे भिन्न हैं। आपको अपने प्रयासों के लिए पहचाना नहीं जा सकता है, या कार्यस्थल में भेदभावपूर्ण व्यवहार हो सकता है।

एक और नकारात्मक पहलू जो एक पेशेवर नौकरी की शांति को भंग कर सकता है वह कार्यालय की राजनीति है। नियम जो बहुत सख्त हैं एक काम पर काम करने में नियमों के एक समूह का पालन करना शामिल है जिसका पालन कंपनी में जीवित रहने के लिए किया जाना चाहिए। यहां तक कि अगर आप नियमों से सहमत नहीं हैं, तो भी आपको हर समय उनका पालन करना चाहिए और उन्हें स्वीकार करना चाहिए।

व्यवसाय में चुनौतियाँ

उत्कृष्ट ग्राहक संबंध बनाए रखना

ग्राहकों की मांगों को पूरा करना

सकारात्मक छवि बनाए रखना

कर्मचारियों को रखना

एक सफल ब्रांड का विकास करना

पेशेवर, वाणिज्यिक और गैर-वाणिज्यिक उद्देश्यों वाली कंपनी व्यवसाय की आदर्श परिभाषा है। एक कंपनी दो या दो से अधिक लोगों से बनी होती है जो एक सामान्य लक्ष्य को प्राप्त करने के लिए सहयोग करते हैं। यह एक अकेला व्यक्ति भी हो सकता है। एक व्यावसायिक संगठन लाभ-लाभ या गैर-लाभ के लिए हो सकता है।

व्यवसाय बनाम नौकरी की तुलना:

1 जोखिम:

नौकरी पर होना व्यवसाय चलाने की तुलना में कुछ भी नहीं है। एक नौकरी में, चाहे आप किसी भी प्रकार का काम करते हों, आप लगातार एक दिशा में दांव लगा रहे हैं, अपनी स्थिति खो देने पर भी फिर से काम पर रखे जाने की संभावना बढ़ जाती है। एक सीईओ के रूप में, आप कई साल कई तरह के कौशल में महारत हासिल करने में बिताएंगे।

आपको नौकरी से निकाल दिया जा सकता है और फिर भी काम मिल सकता है, या आप अपना व्यवसाय रातों-रात खो सकते हैं, एक नया व्यवसाय शुरू करना या काम की तलाश करना एक दुःस्वप्न बन सकता है। रिस्क के मामले में जॉब बिजनेस से बेहतर है।

2 प्रयास:

एक लाभदायक कंपनी बनाने और आदर्श कर्मियों को इकट्ठा करने में कई साल लगेंगे। कॉर्पोरेट सीढ़ी पर चढ़ने और एक शीर्ष कार्यकारी बनने में वर्षों लग जाते हैं। व्यापार में, आपको कई समझौते, त्याग और चीजों को त्यागने के साथ-साथ एक मजबूत इच्छाशक्ति, तनाव और दबाव का सामना करना पड़ेगा। व्यवसाय चलाने की तुलना में नौकरी कम कठिन है।

3 जिम्मेदारी:

सीईओ को बाकी कर्मचारियों की तुलना में उच्च स्तर पर रखा जाता है। ग्राहक, कर्मचारी, व्यय, प्रक्रियाएं, और कई अन्य मुद्दों को प्रबंधित किया जाना चाहिए। एक अच्छा कर्मचारी अपने आप को सौंपे गए कार्य के स्वामी के रूप में देखता है और इस प्रकार

प्रबंधक की जिम्मेदारियों को ग्रहण करता है। व्यवसाय के मालिकों के विपरीत, कर्मचारियों के कर्तव्य कम होते हैं।

4 जीवन:

एक व्यवसायी का जीवन तनाव के साथ कहीं अधिक व्यस्त और अधिक अप्रत्याशित होता है। व्यवसाय के मालिकों की तुलना में कर्मचारी जीवन की बेहतर गुणवत्ता का आनंद लेते हैं।

5 पैसा :

एक व्यवसाय के स्वामी के रूप में, आप कितना पैसा कमा सकते हैं या आप इसे कितनी जल्दी बना सकते हैं, इसकी कोई सीमा नहीं है। नौकरी में चाहे आप कितने भी अच्छे क्यों न हों, आपको अगली वेतन वृद्धि लेने के लिए एक निश्चित समय तक इंतजार करना होगा, नतीजतन, व्यवसाय नौकरी से बेहतर है।

6 सुरक्षा:

एक सफल कर्मचारी की तुलना में एक सफल कंपनी कहीं अधिक सुरक्षित होती है। हालांकि, मौजूदा आंकड़ों के अनुसार, तीन साल के संचालन के बाद सिर्फ 10% उद्यम ही बच पाते हैं।

एक उद्यमी के रूप में आपके सामने आने वाली सबसे आम चुनौती आपकी फर्म में निवेश करने के लिए धन की तलाश करना है। आपके हारने की प्रबल सम्भावना भी है, विशेषकर प्रारंभिक अवस्था में। उद्यमियों के लिए, जोखिम लेने का स्तर हमेशा ऊंचा होता है।

एक व्यवसायी के जीवन में एक नियमित दिन में कई बिक्री कॉल, मार्केटिंग बैठकें, समाचार सम्मेलन, अन्य गतिविधियां शामिल हो सकती हैं जो कंपनी को बढ़ने में मदद करती हैं।

ग्राहक की समय सीमा को पूरा करने का तनाव भी होता है, और एक उद्यमी के पास उस उद्योग में पर्याप्त अनुभव होना चाहिए जिसमें वे अपना खुद का व्यवसाय शुरू कर रहे हैं। अपने प्रतिस्पर्धियों के साथ प्रतिस्पर्धा के जोखिम भी अधिक होंगे।

हम आशा करते हैं कि इस लेख ने आपको व्यवसाय बनाम नौकरी के लाभ और हानि की बेहतर समझ प्रदान की है। अंतिम निर्णय आपके पास है, इसलिए अपनी स्थिति के प्रकाश में लाभ और हानि को ध्यान से देखें।

चीजें जो मायने नहीं रखतीं (कार्य बनाम व्यवसाय):

आपके काम पर आपके बॉस का लाभ मार्जिन क्या है?

खुद को ऊपर उठाने के लिए किसी और को नीचे लाने का सबसे अच्छा तरीका क्या है?

सबसे छोटा रास्ता कौन सा है?

नौकरी करने के नुकसान :-

समय बाधा:- हर सरकारी या निजी क्षेत्र के कुछ नियम और कार्य नैतिकता हैं जिनका पालन करने की आवश्यकता होती है और सौंपे गए कार्य को पूरा करने के लिए हमेशा समय की कमी होती है।

छुट्टी का समय मिलना: नौकरी होने से व्यक्तिगत समय ज्यादा नहीं मिलता है, व्यक्ति को ओवरटाइम काम करने की आवश्यकता होती है और साथ ही उसी दिनचर्या का पालन करने की आवश्यकता होती है, जो कभी-कभी थका देने वाली होती है।

मान्यता :- मेहनत हमेशा सफलता के अनुपात में नहीं होती। कुछ सरकारी और निजी क्षेत्रों में लोगों को हमेशा उनकी योग्यता के आधार पर नहीं बल्कि उनके कनेक्शन के कारण पदोन्नत किया जाता है।

* सरकारी नौकरी व्यवसाय से बेहतर क्यों है ?

1) अच्छा वेतन :

अधिकांश सरकारी नौकरियां अच्छा भुगतान कर रही हैं। एक सरकारी कर्मचारी के सकल वेतन में टीए, डीए, किराया और अन्य भत्ते शामिल होते हैं। संयुक्त होने पर, उन्हें मिलने वाला सकल वेतन एक अच्छी रकम बन जाता है! यह तथ्य विशेष रूप से सच है जब

कौशल आधारित नौकरियों की बात आती है। उदाहरण के लिए, एक सरकारी संगठन का ड्राइवर एक निजी क्षेत्र के ड्राइवर से बेहतर वेतन अर्जित करता है।

2) कार्य सुरक्षा :

सरकारी नौकरियां अद्वितीय नौकरी सुरक्षा प्रदान करती हैं। सरकारी कर्मचारियों को शायद ही कभी उनके प्रदर्शन के आधार पर निकाल दिया जाता है। जबकि प्रदर्शन के आधार पर छंटनी निजी क्षेत्र में एक सामान्य घटना है।

3) अनुलाभ और बोनस :

सरकारी कर्मचारियों को, उनके काम की प्रकृति के आधार पर, अच्छे भत्तों और बोनस का आनंद मिलता है।

4) सेवानिवृत्ति जीवन लाभ :

सरकारी कर्मचारियों को सेवानिवृत्ति के बाद अच्छा लाभ मिलता है। पीएफ, ग्रेच्युटी और बकाया वेतन उनके सेवानिवृत्ति के बाद के जीवन को तनाव मुक्त बनाता है।

5) चिकित्सा लाभ :

वर्तमान में अच्छी चिकित्सा देखभाल प्राप्त करना बहुत महंगा हो गया है। सरकारी कर्मचारियों को अपने और अपने परिवार के लिए अच्छा मेडिकल कवर मिलता है।

6) निश्चित कार्य के घंटे :

कई सरकारी नौकरियों में काम के घंटे तय होते हैं। यह तथ्य कुछ सरकारी नौकरियों जैसे - पुलिस बल, सशस्त्र बल, ड्राइवर, रेलवे आदि के मामलों में सत्य नहीं है।

7) अच्छे ऑफ-डे की उपलब्धता :

अधिकांश सरकारी कर्मचारियों को प्रति वर्ष अच्छी संख्या में छुट्टियों का आनंद मिलता है। यह तथ्य कुछ सरकारी नौकरियों जैसे - पुलिस बल, सशस्त्र बल, ड्राइवर, रेलवे आदि के मामलों में सत्य नहीं है।

8) कार्य-जीवन संतुलन :

सरकारी कर्मचारी एक अच्छा कार्य-जीवन संतुलन बनाए रखने में सक्षम होते हैं।

* व्यवसाय सरकारी नौकरी से बेहतर क्यों है ?

कुछ लोग कम उम्र से ही जानते हैं कि वे अपना खुद का व्यवसाय करने के लिए बने थे। अन्य लोग जीवन में परिवर्तन (पितृत्व, सेवानिवृत्ति, नौकरी छूटना, आदि) के कारण खुद को व्यवसाय शुरू करते हुए पाते हैं। अन्य लोग नौकरीपेशा हो सकते हैं, लेकिन सोच रहे हैं कि क्या व्यवसाय के स्वामी/उद्यमी की भूमिका उनके लिए सही है। व्यवसाय शुरू करने के कई लाभ हैं, लेकिन इसके जोखिम भी हैं जिनका मूल्यांकन किया जाना चाहिए।

* व्यवसाय शुरू करने के फायदे : *

अपना खुद का व्यवसाय शुरू करने के कई लाभ हो सकते हैं, जिनमें निम्न शामिल हैं:

इनाम: हर कोई इनाम को एक ही तरह से परिभाषित नहीं करता है। कुछ के लिए यह एक नए उद्यम को बढ़ता और सफल होता देख सकता है। दूसरों के लिए यह अज्ञात पर विजय प्राप्त करना और अपने आप पर प्रहार करना हो सकता है। हालाँकि आप इनाम को परिभाषित करते हैं, एक नई कंपनी शुरू करने से आपके लिए वह वादा हो सकता है।

अपने खुद के मालिक बनना : जब आप एक व्यवसाय शुरू करते हैं और स्व-नियोजित होते हैं, तो आप अपने खुद के मालिक होते हैं और अंत में अपने भाग्य को नियंत्रित करते हैं।

आय: चाहे आप व्यवसाय शुरू करने को एक आर्थिक आवश्यकता के रूप में देखें या कुछ अतिरिक्त आय अर्जित करने के तरीके के रूप में, आप पा सकते हैं कि यह आय का एक नया स्रोत उत्पन्न करता है।

लचीले घंटे: अपना खुद का व्यवसाय करना कठिन काम है और अक्सर लंबे, विषम घंटों की आवश्यकता होती है। कुछ मामलों में, आपका खुद का व्यवसाय होने से आपको अधिक लचीले घंटे मिल सकते हैं। कई घर पर रहने वाले माता-पिता, उदाहरण के लिए, उद्यमी बनना चुनते हैं।

एक मौजूदा व्यवसाय को खरीदना : हालांकि इसे किसी व्यवसाय को "शुरू करने" के रूप में नहीं देखा जा सकता है, लेकिन एक मौजूदा व्यवसाय को खरीदना कई व्यापार मालिकों के लिए फायदेमंद साबित हुआ है - लेकिन इसमें निस्संदेह वित्तीय और समय निवेश दोनों

की आवश्यकता होती है। उन व्यवसायों के लिए जो पहले से ही लाभदायक हैं, ये नए व्यापार मालिक एक परिपक्व व्यवसाय चलाने में सही स्टार्टअप चरण से आगे निकल जाते हैं।

* व्यवसाय शुरू करने के नुकसान : *

अपना खुद का व्यवसाय शुरू करने के कई फायदे हो सकते हैं, लेकिन ध्यान रखें कि सभी नए व्यवसाय सफल नहीं होते हैं। जैसा कि आप विचार करते हैं कि व्यवसाय शुरू करना है या नहीं, आपको चाहिए:

अपनी ताकत और कमजोरियों का आकलन करें: क्या स्वरोजगार आपके लिए सही है?

स्टार्टअप लागत निर्धारित करें: क्या आप इन्हें स्वयं पूरा कर सकते हैं या ऋण या अन्य प्रकार के बाहरी वित्तपोषण को सुरक्षित करने की आवश्यकता होगी?

मार्केटप्लेस पर शोध करें: क्या आपने प्रतियोगिता का मूल्यांकन किया है और इस पर विचार किया है कि आपका विशेष व्यवसाय कैसे सफल होगा?

अपने व्यावसायिक लक्ष्यों की रूपरेखा तैयार करें: आप क्या हासिल करना चाहते हैं और आप किसे सफलता मानेंगे?

20

30 स्टार्टअप शर्तें हर उद्यमी को पता होनी चाहिए

यदि आप अपना स्टार्टअप व्यवसाय शुरू करने की योजना बना रहे हैं तो निश्चित रूप से आपको यह बताना होगा कि जब आप निवेशकों से पूंजी जुटाना चाहते हैं तो आपकी कंपनी क्या करती है। आपको उनकी भाषा भी बोलनी होगी, इसे स्टार्टअप लिंगो भी कहा जाता है। आपकी व्यावसायिक योजना को प्रभावी ढंग से प्रदर्शित करने के लिए उस शब्दावली को जानना बुद्धिमानी है जो सर्किट में आम है। इन शब्दों को शब्दजाल शब्द भी कहते हैं।

निम्नलिखित स्टार्टअप शब्दजाल की सूची है जिसके बारे में प्रत्येक इच्छुक उद्यमी को पता होना चाहिए। डिक्शनरी के अनुसार शब्दजाल शब्द का मतलब किसी पेशेवर या समूह द्वारा इस्तेमाल किए जाने वाले विशेष शब्द या भाव होते हैं जिन्हें दूसरों के लिए समझना मुश्किल होता है।

30 स्टार्टअप शर्तें हर उद्यमी को पता होनी चाहिए

1. सक्रियण

सक्रियण रूपांतरण दर का एक माप है जब से एक संभावित लीड आपकी वेबसाइट पर एक सक्रिय उपयोगकर्ता बन जाता है। यह किसी उपयोगकर्ता द्वारा आपके ऐप/वेबसाइट को डाउनलोड करने या साइन अप करने का परिणाम है।

2. अधिग्रहण-किराया

यह प्रतिभा हासिल करने के लिए इस्तेमाल की जाने वाली रणनीति है जब एक कंपनी मुख्य रूप से कर्मचारियों के कौशल और विशेषज्ञता के लिए दूसरी कंपनी खरीदती है।

3. त्वरक

एक त्वरक एक ऐसा केंद्र है जहां स्टार्टअप्स को मेंटरशिप, स्पेस और कभी-कभी पैसे के जरिए "इनक्यूबेट" किया जाता है। त्वरक स्टार्टअप्स को उनके शुरुआती चरणों में मदद करते हैं और उन्हें बढ़ने में मदद करते हैं।

4. विज्ञापन

यह आमतौर पर ब्लॉगर्स द्वारा उपयोग की जाने वाली एक स्टार्टअप भाषा है। यह सामग्री का एक भुगतान किया हुआ रूप है जो वास्तविक कहानी या ब्लॉग पोस्ट की तरह दिखने और महसूस करने के लिए है। हाल के दिनों में, प्रदर्शन विज्ञापन मूल्य निर्धारण और प्रभावशीलता में कमी आई है, इसलिए कंपनियों के लिए विज्ञापन राजस्व हासिल करने के लिए विज्ञापनदाताओं की ओर मुड़ना एक बेहतर विकल्प है।

5. बूटस्ट्रैपिंग

बूटस्ट्रैपिंग धन का उपयोग है जो व्यवसाय शुरू करने के लिए शुरुआती निवेश के रूप में दोस्तों और परिवार, मौजूदा संसाधनों या व्यक्तिगत बचत से लिया जाता है। यदि कोई संस्थापक अपने स्टार्टअप को बूटस्ट्रैप करना चुनता है तो वे निवेशकों या वीसी से धन जुटाने से बचते हैं।

6. बर्न रेट

यदि आप एक स्टार्टअप संस्थापक हैं, तो यह सबसे महत्वपूर्ण स्टार्टअप शब्दजाल है जिसे आपको जानना आवश्यक है। इसे रन रेट भी कहते हैं, आसान शब्दों में इसका मतलब है कि आप कितनी तेजी से अपना कैश उड़ा रहे हैं। निवेशक अपना पैसा वहां लगाने से बचने की कोशिश करते हैं जहां बर्न रेट अत्यधिक है। लेकिन यह भी असामान्य नहीं है कि किसी स्टार्टअप को टूटने या लाभ कमाने से पहले कई वर्षों तक पैसे का घाटा उठाना पड़ता है।

7. मंथन दर

इसे घर्षण की दर भी कहा जाता है। मंथन दर को सेवा ग्राहकों के प्रतिशत के रूप में जाना जाता है, जो एक निश्चित समय के भीतर अपनी सदस्यता बंद कर देते हैं। विकास दर इसकी मंथन दर से अधिक होनी चाहिए।

8. चट्टान

चट्टान एक कार्यकारी के लिए कर्मचारियों को आग लगाने या सीमित समय के भीतर उन्हें स्टॉक दिए बिना छोड़ने का एक तरीका है। यह सुनिश्चित करने के लिए कि नकदी प्राप्त करने के बाद सीईओ आसपास रहता है, क्लिफ्स का उपयोग निवेशकों द्वारा सीईओ पर भी किया जाता है।

9. डेक

इसे ' पिच डेक ' भी कहा जाता है, यह पीपीटी की एक छोटी और सीमित स्लाइड है जो आपके पहलुओं के सभी पहलुओं को कवर करती है। इसमें आमतौर पर दस स्लाइड होती हैं। डेक कॉम्पैक्ट, संक्षिप्त होना चाहिए और अधिकतम प्रभाव पैदा करना चाहिए। अंतिम संस्करण को शानदार बनाने के लिए बहुत सारी प्रतिक्रिया प्राप्त करने और ग्राफिक

डिजाइनर को काम पर रखने पर विचार करना चाहिए।

10. विघटनकारी प्रौद्योगिकी

ऐसी तकनीक की खोज समाज के कुछ करने के तरीके को पूरी तरह से बदल देती है। उदाहरण के लिए, उबर और ओला ने टैक्सियों के संचालन के तरीके को बदल दिया। अमेज़न या फ्लिपकार्ट एक वर्चुअल स्टोर है जो लगभग दो दशक पहले अस्तित्व में नहीं था, भौतिक रूप से इन-स्टोर खरीदारी होती थी।

11. बाहर निकलने की रणनीति

यह एक योजना है जिसे एक निवेशक, व्यापारी, व्यवसाय के मालिक या उद्यम पूंजीपति द्वारा निष्पादित किया जाता है ताकि किसी वित्तीय संपत्ति में स्थिति को समाप्त किया जा सके या मूर्त व्यापारिक संपत्तियों का निपटान किया जा सके, जब कुछ पूर्व निर्धारित मानदंड पूरे हो गए हों या पार हो गए हों। यह मूल रूप से एक रणनीति है कि आप कंपनी को कैसे बेचेंगे और इसके जरिए अपने निवेशकों को कुछ वित्तीय लाभ दिलाएंगे। इसमें सभी निर्णय शामिल हैं जैसे कि कौन खरीदने जा रहा है और क्यों और किस राशि पर।

12. एफएमए

FMA फर्स्ट मूवर एडवांटेज है और इसका मतलब है कि मार्केट सेगमेंट के शुरुआती महत्वपूर्ण कब्जेदार द्वारा प्राप्त किया गया लाभ। तकनीकी नेतृत्व , संसाधनों की शीघ्र खरीद या अपने समय से आगे के कुछ उत्पाद/सेवा जारी करके प्रथम-प्रवर्तक लाभ प्राप्त किया जा सकता है ।

13. फ्रीमियम

फ्रीमियम मूल्य निर्धारण रणनीति का एक रूप है जिसके द्वारा एक उत्पाद या सेवा नि: शुल्क प्रदान की जाती है, लेकिन अतिरिक्त सुविधाओं, सेवाओं या वर्चुअल के लिए प्रीमियम के रूप में एक राशि ली जाती है। उदाहरण के लिए, एक डिजिटल पेशकश या एक ऐप जैसे नेटफ्लिक्स एक प्रीमियम चार्ज करता है, इससे पहले कि आप नि: शुल्क परीक्षण का लाभ उठा सकें।

14. ग्रोथ हैकिंग

ग्रोथ हैकिंग एक स्टार्टअप शब्द है जिसे सीन एलिस द्वारा गढ़ा गया था और यह मूल रूप से एक मार्केटिंग तकनीक का वर्णन करता है जो गैर-पारंपरिक और सस्ती रणनीति जैसे कि इंटरनेट या सोशल मीडिया के उपयोग के माध्यम से स्केलेबल विकास को जल्दी से खोजने पर केंद्रित है। ग्रोथ हैकिंग रणनीतियों का उद्देश्य आम तौर पर जितना संभव हो उतना कम खर्च करते हुए अधिक से अधिक उपयोगकर्ता या ग्राहक प्राप्त करना है।

15. बौद्धिक संपदा

एक आईपी एक पेटेंट या एक गुप्त सॉस या कोका-कोला की रेसिपी जैसा फॉर्मूला हो सकता है। यह एक ऐसे आविष्कार, कलात्मक कार्य, डिज़ाइन, प्रतीक, नाम और वाणिज्य में उपयोग की जाने वाली छवियों का निर्माण है।

16. पुनरावृति

सरल शब्दों में पुनरावृति का अर्थ है किसी चीज को आजमाना, उसे गलत करना, और फिर बेहतर परिणाम प्राप्त करने की आशा के साथ थोड़े अलग तरीके से फिर से प्रयास करना। इस स्टार्टअप शब्दजाल का उपयोग तब भी किया जाता है जब कोई उद्यमी किसी उत्पाद या सेवा को बाजार में लॉन्च करता है।

17. लॉन्च करें

आमतौर पर इस्तेमाल किया जाने वाला स्टार्टअप लिंगो लॉन्च है। लॉन्च का मतलब कुछ नया पेश करना और शुरू करना है, उदाहरण के लिए, एक कंपनी, एक वेबसाइट या एक उत्पाद।

18. उत्तोलन

उत्तोलन एक निवेश रणनीति है जिसका उपयोग तब किया जाता है जब हम उधार ली गई राशि - उधार ली गई पूंजी को ध्यान में रखते हैं। यह निवेश पर संभावित रिटर्न बढ़ाने के लिए विभिन्न वित्तीय साधनों के उपयोग पर केंद्रित है। लेखांकन के संदर्भ में, उत्तोलन का अर्थ उस ऋण की राशि से भी है जिसका उपयोग एक फर्म संपत्ति के वित्तपोषण के लिए करती है।

19. लॉस लीडर प्राइसिंग

मूल्य निर्धारण का प्रकार जहां आप ग्राहकों को लाने के लिए विपणन व्यय के रूप में नुकसान में कुछ बेच रहे हैं, जिनसे आप भविष्य की खरीदारी दोहराने की उम्मीद करते हैं।

20. बाजार में प्रवेश

मार्केट पेनेट्रेशन उस उत्पाद या सेवा के कुल सैद्धांतिक बाजार की तुलना में किसी उत्पाद या सेवा की बिक्री, अपनाने और उपस्थिति की संख्या का एक उपाय है। स्टार्टअप वाक्यांश का अर्थ उन गतिविधियों को शामिल करना भी है जिनका उपयोग किसी उत्पाद या सेवा के बाजार में हिस्सेदारी बढ़ाने के लिए किया जाता है।

21. कमाई करना

शब्द का अर्थ है कि गैर-राजस्व उत्पन्न करने वाली संपत्ति से राजस्व के स्रोत में कुछ परिवर्तित किया जाता है। अर्थशास्त्र में, मुद्रीकरण का अर्थ है किसी वस्तु या लेन-देन को मुद्रा के रूप में या हस्तांतरणीय मूल्य वाली किसी चीज़ में परिवर्तित करना।

22. एमवीपी

MVP न्यूनतम व्यवहार्य उत्पाद के लिए खड़ा है और इसका मतलब है कि शुरुआती उपभोक्ताओं को संतुष्ट करने और भविष्य के उत्पाद विकास के लिए प्रतिक्रिया प्रदान करने के लिए पर्याप्त सुविधाओं वाला उत्पाद। यह मूल रूप से अवधारणा के प्रमाण को प्राप्त करने के लिए आवश्यक उत्पाद का एक नंगे हड्डियों वाला संस्करण है और अक्सर नए सॉफ्टवेयर के निर्माण में उपयोग किया जाता है जिसे बीटा परीक्षण किया जाएगा ताकि बाद में एक उन्नत संस्करण जारी किया जा सके।

23. धुरी

वाणिज्य भाषा में पिवोट का अर्थ एक कंपनी के रूप में दिशाओं को बदलना होगा और आमतौर पर एक अलग बाजार खंड के बाद जाने या पूरी तरह से नए उद्देश्य के लिए एक स्थापित तकनीक का उपयोग करने के रूप में वर्णन करने के लिए उपयोग किया जाता है।

24. आरओआई

कई स्टार्टअप संस्थापकों द्वारा इस्तेमाल किया जाने वाला शब्द ROI है, ROI का मतलब रिटर्न ऑन इन्वेस्टमेंट है। इसे किसी निवेश की दक्षता का मूल्यांकन करने या कई विभिन्न निवेशों की दक्षता की तुलना करने के लिए उपयोग किए जाने वाले प्रदर्शन माप के रूप में वर्णित किया जा सकता है। आरओआई लाभप्रदता का एक वित्तीय मीट्रिक है जिसका उपयोग किसी निवेशक या व्यवसायी द्वारा किए गए निवेश से रिटर्न या लाभ को मापने के लिए किया जाता है।

25. स्वेट इक्विटी

ये किसी कंपनी के शेयर होते हैं जो उसके कर्मचारियों द्वारा किए गए कार्य के बदले में दिए जाते हैं। स्वेट इक्विटी एक अच्छी भर्ती तकनीक है जो एक कंपनी को भावुक प्रतिभा को आकर्षित करने में मदद करती है जिसे गैर-मौद्रिक निवेश में भुगतान किया जा सकता है जो कि मालिक या कर्मचारी व्यवसाय उद्यम में योगदान करते हैं।

26. टर्म शीट

एक टर्म शीट एक दस्तावेज है जो यह बताता है कि एक निवेशक किन नियमों और शर्तों पर सहमत हुआ है जिसके तहत निवेश किया जाएगा। यह एक टेम्पलेट के रूप में कार्य करता है जिसका उपयोग अधिक विस्तृत कानूनी रूप से बाध्यकारी दस्तावेज़ विकसित करने के लिए किया जा सकता है।

27. कर्षण

इस शब्द का अर्थ यह प्रमाण है कि लोग वास्तव में आपके उत्पाद या सेवाओं को खरीद रहे हैं और उनका उपयोग कर रहे हैं। आप दैनिक पंजीकरण, मासिक विज़िट और सक्रिय उपयोगकर्ताओं जैसे मीट्रिक का उपयोग करके कर्षण की गणना कर सकते हैं।

28. मूल्यांकन

निवेशकों से संपर्क करने की योजना बना रहे हैं, सुनिश्चित करें कि आप इस स्टार्टअप शब्द को जानते हैं। मूल्यांकन का अर्थ है कि आपकी कंपनी का मूल्य क्या है। प्री-मनी वैल्यूएशन आपके स्टार्टअप द्वारा निवेशकों का पैसा लेने से पहले का मूल्य है और पोस्ट-मनी वैल्यूएशन वह राशि है जिसमें निवेश किया गया है।

29. मूल्य प्रस्ताव

यह शब्द वर्णन करता है कि आपके उत्पाद या सेवा की सबसे अनूठी या आकर्षक विशेषता क्या है। यह एक कथन है जो वर्णन करता है कि ग्राहकों को आपके उत्पाद या सेवा को क्यों चुनना या खरीदना चाहिए।

30. कुलपति

धन जुटाते समय आपने इस स्टार्टअप शब्द का सामना किया होगा। वीसी वेंचर कैपिटलिस्ट के लिए खड़ा है और यह एक ऐसा व्यक्ति है जो इक्विटी हिस्सेदारी के बदले उच्च विकास क्षमता प्रदर्शित करने वाली फर्मों को पूंजी प्रदान करता है। इसका उद्देश्य स्टार्टअप वेंचर्स को फंड देना या छोटी कंपनियों का समर्थन करना हो सकता है जो विस्तार करना चाहते हैं लेकिन वर्तमान में इक्विटी मार्केट तक उनकी पहुंच नहीं है।

31. परिवर्तनीय नोट

एक परिवर्तनीय नोट को एक परिवर्तनीय बांड के रूप में भी जाना जाता है, इसका मूल रूप से एक ऋण है जो भविष्य में कंपनी के वित्तपोषण दौर में इक्विटी में बदल जाता है। जो निवेशक ब्याज के साथ अपना ऋण वापस पाने के बजाय पैसे का निवेश करता है, उसे परिवर्तनीय नोट के रूप में कंपनी की इक्विटी प्राप्त होती है।

32. जनता के बीच जाना

गोइंग पब्लिक एक ऐसा शब्द है जिसका उपयोग तब किया जाता है जब कोई कंपनी जनता को बिक्री के लिए अपने शेयर पेश करती है ताकि वह पूंजी जुटा सके।

33. अप्रकटीकरण करार

एक गैर-प्रकटीकरण समझौता दो या दो से अधिक पार्टियों के बीच एक कानूनी अनुबंध है जिसमें ऐसी जानकारी होती है जो एक निश्चित अवधि के लिए गोपनीय रहेगी।

34. बीज गोल

सीड राउंड का मतलब फंडिंग के शुरुआती वित्तीय दौर से है, जहां मुख्य उद्देश्य व्यवसाय शुरू करने के लिए पूंजी जुटाना है। सीड राउंड कई बार हो सकते हैं।

35. बुलबुला

बबल या स्टार्टअप बबल का मतलब एक ऐसा समय होता है जब निवेशक स्टार्टअप्स में उच्च राशि का निवेश करने को तैयार होते हैं, जिससे उनका मूल्यांकन बहुत अधिक हो जाता है।

36. क्राउडफंडिंग

क्राउडफंडिंग शब्द का अर्थ है एक नया व्यवसाय शुरू करने के लिए बड़ी संख्या में लोगों से धन जुटाना।

37. गैमीफाई

Gamify का अर्थ है अपने उत्पादों के विपणन में खेल जैसे तत्वों को जोड़ना ताकि आप अपने ग्राहकों और संभावित ग्राहकों के साथ जुड़ाव बना सकें।

38. सीरियल एंटरप्रेन्योर

सीरियल एंटरप्रेन्योर एक ऐसा शब्द है जो उन लोगों के लिए उपयोग किया जाता है जो विभिन्न रचनात्मक विचारों को लेते हैं और उन्हें सफल होने वाली व्यावसायिक रणनीतियों में परिवर्तित करते हैं।

39. गेंडा (Unicorn)

यूनिकॉर्न शब्द का अर्थ एक स्टार्टअप है जिसका मूल्य $1 बिलियन से अधिक है। यह शब्द पहली बार 2013 में अस्तित्व में आया था और इसे ऐलेन ली ने बनाया था।

40. लीन स्टार्टअप

लीन स्टार्टअप का अर्थ स्टार्टअप के लिए उत्पादों के निर्माण के लिए आवश्यक विचारों के परीक्षण, जांच और प्रयोग के बाद स्टार्टअप शुरू करने का एक तरीका है।

पीरू ठाकुर का कहना है

thank you

धन्यवाद

www.ingramcontent.com/pod-product-compliance
Lightning Source LLC
Chambersburg PA
CBHW071328140726
47996CB00005B/1874